高校德育教育实践与探索

董现聪 著

河南大学出版社
HENAN UNIVERSITY PRESS
·郑州·

图书在版编目(CIP)数据

高校德育教育实践与探索 / 董现聪著. -- 郑州 :
河南大学出版社, 2024.5
ISBN 978-7-5649-5889-3

Ⅰ. ①高… Ⅱ. ①董… Ⅲ. ①高等学校-德育工作-研究-中国 Ⅳ. ①G641

中国国家版本馆 CIP 数据核字(2024)第 105916 号

高校德育教育实践与探索

GAOXIAO DEYU JIAOYU SHIJIAN YU TANSUO

责任编辑 郑华峰
责任校对 陈 巧
封面设计 张田田

出版发行 河南大学出版社
地址:郑州市郑东新区商务外环中华大厦 2401 号 邮编:450046
电话:0371-86059715(高等教育与职业教育出版中心)
0371-86059701(营销部)
网址:hupress. henu. edu. cn

印 刷	广东虎彩云印刷有限公司		
版 次	2024 年 5 月第 1 版	**印 次**	2024 年 5 月第 1 次印刷
开 本	710 mm×1010 mm 1/16	**印 张**	7.25
字 数	114 千字	**定 价**	45.00 元

(本书如有印装质量问题,请与河南大学出版社联系调换。)

前　言

德育教育在高等教育中具有举足轻重的地位。它不仅是学生全面发展的重要基石,也是培养合格公民和优秀人才的关键所在。通过德育教育,学生能够更好地理解社会规范,形成正确的道德观念,培养高尚的品格和良好的行为习惯。同时,德育教育还能够帮助学生建立正确的世界观、人生观、价值观,为他们的未来发展奠定坚实的基础。

然而,当前高等教育中德育教育实践存在一些问题。例如,部分高校过于注重知识传授和技能培养,忽视了德育教育的重要性;德育教育内容与社会实际脱节,缺乏针对性和实效性;德育教育方式单一,缺乏创新和灵活性。这些问题制约了德育教育在高等教育中的发展和作用发挥。因此,本书旨在探讨高等教育中德育教育的实践策略和方法,为教育工作者提供有益的参考。

本书从德育教育的基本理论介绍入手,对高校德育教育目标与内容、高等教育中德育教学方法进行了深入探讨,并对高等教育中德育教育实践进行了系统论述。希望本书能够引起广大教育工作者对高等教育中德育教育实践的重视和思考,共同推动德育教育的创新与发展,为培养德才兼备的优秀人才做出积极贡献。

在写作过程中,笔者参阅了相关文献资料,在此,谨向其作者深表谢忱。

由于水平有限,不足在所难免,希望得到广大读者的批评指正,并衷心希望同行不吝赐教。

董现聪

2024 年 4 月

目　录

第一章　德育教育的基本理论

第一节　德育教育的基本认知

一、德育教育的定义

德育教育作为一种重要的教育形式,旨在培养学生健康成长、全面发展。德育教育的基本概念是从人的道德行为入手,通过教育手段和方式,培养学生的道德修养和道德意识,使之具备良好的道德品质和道德观念。

1. 德育教育强调全面发展

德育教育不仅注重学生的学业成绩,更注重培养学生的品德操守、个性特质以及社会责任感。这种全面发展的理念是基于对学生综合素质的需求,旨在培养德智体美劳全面发展的人才。

2. 德育教育注重实践和体验

德育教育并非依靠空洞的口号和理论知识就能达到目的,而是通过引导和实践,让学生亲身经历和体验,在实际生活中感受和理解道德的重要性。通过参与社会实践、校园文化建设等活动,学生可以亲身体验到道德行为的影响力和积极的社会效果。

3. 德育教育注重个体差异

每个学生都有不同的成长环境、个人特点和品德发展需求,德育教育要注重个体差异和发展。这意味着教师应该根据学生的不同情况和需求,选择适合他们的教育方法和手段,让每个学生都得到有效的德育培养,实现个人的道德发展和自我价值。

4. 德育教育重视与学科教育的有机结合

德育教育并不应该与学科教育相对立，而应该与学科教育相辅相成、相互渗透。德育教育可以通过学科教育中的案例分析、课堂讨论等方式，将学生所学的学科知识和道德价值观相结合，使学生在学科学习的过程中不仅能够获得知识，还可以培养道德情操。

二、德育教育的含义、类型及价值观

（一）德育教育的含义

1. 强调培养学生的道德品质

道德品质是一个人的品格和行为准则，影响着他们日常生活中的行为选择和价值观念。通过德育教育，学生可以接受道德价值观的灌输和引导，并形成正确的道德判断能力和行为规范。

2. 注重培养学生的情感表达与情绪管理能力

情感教育涉及学生的情绪管理、情感表达以及与他人的情感交流。通过德育教育，学生可以培养积极向上的情感态度，学会理解和关爱他人，掌握恰当的情绪管理方法。这样，学生在成长过程中能够更好地适应各种环境，维护自己和他人的情感健康。

3. 强调学生的个性发展

每个学生都具有独特的个性，德育教育的目标之一就是充分激发学生的个性潜能。通过鼓励学生发展自己的兴趣爱好、培养他们的创新思维和解决问题的能力，德育教育能够帮助学生找到适合自己的成长道路，并实现个人价值的最大化。

4. 注重培养学生的社会责任感和社会意识

现代社会是一个多元化的社会，个体的行为举止对整个社会有着深远的影响。通过德育教育，学生能够认识到自己是社会中的一员，明白自己在社会中的责任和义务，并形成积极向上的社会意识。他们将意识到自己的行为和决策可能对他人和社会产生影响，从而更加注重社会公德、社会道德的遵守与实践。

（二）德育教育的类型

1. 根据德育教育的对象进行分类

根据德育教育的对象不同，可以将德育教育划分为学校德育和社会德育。学校德育是指在学校这一特定环境中对学生进行德育教育，通过学校的课程设置、校规校纪、班级文化等途径培养学生的品德与意识；社会德育是指社会各个方面对公民个体进行德育教育，包括家庭教育、社区教育、媒体教育等。学校与社会德育相辅相成、互为补充，共同为学生的全面发展提供保障。

2. 根据德育教育的重点和目的进行分类

根据德育教育的培养重点和目的不同，可以将德育教育划分为道德教育、思想政治教育、法治教育等。道德教育着重培养学生的道德意识、道德情感和道德行为，使其具备正确的价值观和道德判断能力；思想政治教育注重培养学生的政治认知和思想品质，培养他们成为有理想、有信念、有担当的公民；法治教育侧重培养学生的法律意识和法律素养，使其养成遵守法律、尊重法律的行为习惯。

3. 根据德育教育的方法和手段进行分类

根据德育教育的方法和手段不同，可以将德育教育划分为教育课堂和社会实践。教育课堂是指在正式的教学环境中，通过教师的指导和学科知识的传授来实施德育教育。这种方式通过系统的课程设置和教学活动，如德育课程、道德与法治教育课程，引导学生形成正确的价值观和道德标准。社会实践是指通过参与社会实践活动，如志愿服务、社会实习等，让学生亲身体验社会活动，培养他们的社会责任感和公民意识。

（三）德育教育的价值观

1. 强调人的全面发展

传统德育教育注重培养人的品德和道德修养，而现代德育教育则更加强调人的全面发展，包括智力、情感、意志以及社会适应能力等方面。只有通过培养学生的综合素质，才能使他们在现代社会中发挥出更大的作用。

2. 注重社会责任意识的培养

随着当今社会问题的日益复杂，个人行为不仅影响自身，也对社会产生着深远的影响。因此，培养学生的社会责任意识，使他们具备对社会问题负责、积极参与社会事务的意识和行动，是德育教育的重要任务。

3. 提倡多元文化的尊重和包容

在当今多元化的社会背景下，不同的文化、价值观和信仰共存，相互交流和融合，成为一种现象。因此，德育教育需要培养学生的文化敏感性和跨文化交流能力，使他们能够尊重和理解不同文化，并在和谐的多元文化环境中发展自己。

4. 关注个体与社会的和谐发展

德育教育的价值观追求人与人之间的和谐相处以及个人与社会之间的良好关系。培养学生的社会情感、协作精神和团队意识，可以帮助他们建立起积极的人际关系，促进个体和社会之间的双向发展。

三、德育教育的规律

(一)德育教育的基本规律

1. 人类共性规律

人类作为一种社会生物,具有共同的价值追求和道德观念。在德育教育中,有一些普遍适用的道德准则,如诚信、守法、友善等,无论文化背景和个人差异如何,这些价值观念都具有普遍的意义。在德育教育实践中,要注重培养学生的人类共性,帮助他们树立正确的道德观和价值观。

2. 社会历史规律

社会的发展和演变对德育教育产生了深远的影响。不同历史时期、不同社会背景下,人们对德育的需求和期望不同。德育教育应当深入了解社会历史背景,根据时代的需求和社会的进步,培养适应社会发展的优秀公民。德育教育也应当借鉴历史经验和智慧,传承传统文化中的道德精神,引导学生继承和发扬社会的优良传统。

3. 个体差异规律

每个学生都是独一无二的个体,具有不同的性格、兴趣和能力。德育教育应当充分尊重学生的个体差异,关注他们的特点和需求,因材施教,个性化地进行指导教育。对于不同类型的学生,可以采用不同的教育方式和方法,使每个学生都能够得到适当的教育和指导。

(二)德育教育的发展规律

德育教育的发展规律体现在其与社会发展的相互影响之中。随着社会的进步和发展，人们对道德价值观念的要求也在不断变化。德育教育必须与社会保持紧密联系，不断适应社会变革的需求，才能真正发挥其应有的作用。

德育教育的发展规律还表现在与个体发展的关系上。德育教育的目的是培养德行良好的公民，而每个学生天性不同，个体发展差异明显。因此，德育教育必须注重个体差异，因材施教，促进每个学生的个体发展和德育成长。

德育教育的发展规律还体现在与教育内容的关系上。德育教育的核心是培养学生的道德情感、道德认知、道德行为等方面的能力。随着科技和社会发展的进步，德育教育需要不断更新教育内容，引入新的道德问题和挑战，以应对现代社会对于道德品质的要求。

德育教育的发展规律还要求持续的改革和创新。随着社会的发展，德育教育必须不断进行自我反思和改进，不断修正和调整德育教育的目标、方法、手段等，以适应时代的需求。

(三)德育教育的实施规律

1. 全员参与

德育教育不只是教师的责任，每一个参与其中的个体都起着重要的作用。家庭、学校、社会等各个方面都应该承担起共同肩负的责任，为培养具有良好德育品质的学生而努力。在实施德育教育的过程中，需要全员参与，形成多方共同发力的局面。

2. 注重实践与经验

单纯的理论教育远远不足以培养学生的品德修养。德育教育应该注重培养学生的实际行动能力和解决问题的能力。通过参与社会实践活动、实验探究等，学生可以更好地理解道德准则，并将其应用到实际生活中去。实践中的经验不仅可以提高学生的综合素养，还能使他们更深刻地理解道德规范的价值和意义。

3. 注重个体差异

每个学生都有自己独特的个性和特点,对于德育教育的接受和理解也会存在差异。因此,在实施德育教育中,应该充分考虑到学生的个体差异,采取灵活多样的教学方法和策略。针对不同学生的需求和特点,教师可以采用小组合作学习、个别辅导等方式,使每个学生在德育教育中都能得到有效的指导和培养。

4. 与时俱进

社会在不断发展变化,道德观念和价值观也在不断演变。因此,德育教育的实施规律也需要与时俱进,适应时代的需求。教师需要不断学习和更新自己的知识和观念,了解社会的变化趋势,根据时代要求调整德育教育的内容和方法。只有与时俱进,才能更好地实施德育教育,培养出符合时代精神的社会人才。

(四)德育教育的评价规律

德育教育的评价是指对德育教育实施效果的衡量和评估。评价规律是指在实施德育教育的过程中,评价所需要遵循的一些基本原则和方法。

1. 客观性

客观性意味着评价结果应该基于客观的标准和数据,而不应该受到主观主义的偏见影响。评价者应该尽可能客观地观察和记录学生在德育方面的表现,确保评价结果真实可信。

2. 科学性

科学性是指评价过程应该遵循科学的方法和原则,采取科学的手段和工具进行评价。评价者应该结合实际情况,选取合适的评价指标和方法,确保评价结果科学准确。

3. 综合性

综合性是指在评价过程中应该全面、综合地考虑学生在德育各个方面的表现,包括品德、行为、思想、情感等。评价者不仅要关注学生的行为表现,还要关注其内心世界的发展和变化,以及对社会价值观的理解和接受程度。

4. 相符性

评价者应该根据德育教育的具体要求和目标,选择合适的评价指标和方法。评价应该能够反映学生在德育方面的真实水平和进步程度,为改进和优化德育教育提供有效的参考和依据。

四、德育教育的重要性

(一)对个人成长的重要性

1. 塑造良好的品德

通过德育教育的引导,个人能够树立正确的道德观念,形成健康的道德价值取向,注重诚信、友善、尊重他人等品质的培养。例如,一个具有良好品德的人,不仅能够以身作则,注意自己的行为方式,还能够影响身边的人,促进社会的和谐与进步。

2. 培养良好的社交能力

在德育教育的指导下,个人可以学会与他人进行良好的互动和沟通,培养自信、协作、合作等社交技能。这种社交能力的培养不仅对个人的人际关系和人格发展产生影响,更有助于增加其在社会中的竞争力。通过与他人的交流和合作,个人可以扩大社会资源的获取范围,提升自身的综合素质。

3. 培养良好的自我管理能力

德育教育能够引导个人建立正确的人生目标,激发内在动力和意愿去追求自身的成长和发展。通过德育教育的引导,个人能够形成良好的自律和自觉意识,培养出良好的学习和生活习惯。这种自我管理能力不仅能够在个人的学业、工作中发挥积极的作用,而且能够让个人更好地应对人生中的各种挑战。

(二)对社会发展的重要性

1. 有助于培养良好的公民素质

一个社会文明进步的标志就是公民具备高尚的品德和良好的道德操守。德育教育不仅可以传承社会主义核心价值观,也可以提升公民对社会规范和道德的认同感,促使他们自觉遵守社会法律法规,保持社会秩序。

2. 有助于培养社会责任感和担当精神

社会的稳定和发展需要每个公民都具备一定的社会责任感和担当精神。德育教育通过培养学生主动参与社会事务的意识,引导他们树立正确的社会责任观念,推动他们积极参与社会公益活动,为社会做出积极贡献,有助于社会的良性发展和进步。

3. 对社会的发展有着积极的影响

德育教育能够培养学生的创新精神和实践能力,这对社会的发展具有重要意义。具备积极向上的价值观念和道德品质的公民,能够更好地适应社会需求,推动社会进步。他们不仅具备良好的学习能力和专业素养,还能够以社会发展的需要为导向,积极创新,贡献自己的才能。这样的人才储备和培养,为社会的可持续发展提供了强有力的支撑。

(三)对国家建设的重要性

在国家建设过程中,健全的德育教育能够培养出德才兼备的优秀人才,为国家的科技进步、经济发展和社会进步提供强有力的支持。德育教育强调培养学生的道德品质,使他们具备正确的价值观和行为规范。这样的人才不仅具备了专业知识和技能,还能够以良好的道德品质为社会作出贡献,为国家的建设提供了坚实的人力资源保障。

德育教育是培养国家公民素质的重要途径。国家建设需要有卓越的国民素质作为支撑,在这一过程中,德育教育起到了不可替代的作用。通过德育教育,人们能够树立正确的道德观念,增强爱国情感,传承国家文化和历史传统,培养公民意识、法治观念和社会责任感。这些都是国家建设所需要的核心素质,只有通过德育教育的引导和培养,才能将这些美好品质培养出来,为国家建设提供持续的动力。

德育教育对于国家建设的可持续发展也具有重要意义。国家建设是一个长期的过程,需要持续不断地培养新一代的优秀人才。德育教育能够通过对学生的思维素质、创新能力和终身学习习惯的培养,为国家建设提供源源不断的人才支持。只有具备创新意识、发展潜力和良好道德品质的人才,才能够推动国家的经济、社会和文化的不断发展和进步。

五、德育教育的意义

(一)社会意义

德育教育的实施可以培养学生具备良好的道德品质和行为习惯,为塑造更加和谐有序的发展环境奠定基础。现代社会的发展离不开各行各业对道德要求的高度关注,如医生需要具备职业道德,企业家需要具备诚信和责任意识,公务员需要具备廉洁奉公的品质等。通过德育教育,大学生的道德修养和行为习惯将得到有效塑造，使他们成为融入度高、责任感强、道德意识远超常人的新一代劳动者和公民。

德育教育在高等教育中的推行对于社会的长远发展具有战略意义。当代社会的发展日新月异，人才需求也在随之不断更新。拥有优秀专业技能的人才往往并不足够，对于其道德素养和社会责任感的要求同样迫切。德育教育的实施可以培养学生良好的道德情操，使他们在面对复杂的社会环境时能够保持身心健康、聪明睿智，为社会发展注入更多正能量。

德育教育在高等教育中的实施还能够推动社会的文明进步和道德观念的革新。德育教育可以通过引导学生积极参与公益活动、关注社会问题等，培养他们树立关爱他人、正义善良的价值观，更好地适应社会变革。同时，德育教育还能够推动道德观念的更新，并引导社会各界以更加公正合理的道德准则来衡量个体行为的价值和社会影响。

（二）个体意义

德育教育注重培养学生的品德、道德修养和社会责任感，帮助他们形成正确的世界观、人生观和价值观，进而成为具有社会责任感和发展潜力的人才。

1. 促进个体的人格塑造和全面成长

在大学阶段，学生处于人生观、价值观形成的关键时期，德育教育为他们提供了一种正确的道德观念和行为准则。通过思想道德修养课程的学习和各类德育活动的参与，学生能够逐渐树立正确的人生观和价值观，形成积极向上的价值追求。德育教育也能够帮助他们养成正确的行为习惯和良好的道德品质，从而更好地适应社会环境，提升自身的综合素质。

2. 培养个体的创新创业和终身学习能力

在当今社会，知识更新日新月异，学生需要具备良好的学习能力和适应能力。德育教育通过丰富多样的教育活动和实践项目，培养学生的创新思维和实践能力。通过参与社会实践、科技创新等活动，学生不仅能够学到知识，更能够提升解决问题的能力和创新创业的意识。这种能力的培养不仅有助于学生未来的就业和创业，更重要的是，它能够使学生具备终身学习的能力，适应未来社会的发展和变化。

3. 培养个体的社会责任感和公民意识

作为未来社会的建设者和发展的推动者，学生需要具备积极的社会责任感和公民意识。德育教育通过引导学生参与公益活动、社会实践等方式，培养他们的社会责任感和社会参与意识。学生通过实践活动，能够了解社会发展的需求和问题，同时也增强了他们对社会的责任感。这种社会责任感和公民意识的培养，不仅使学生能够更好地为社会作出贡献，而且能够提升他们的社会担当意识。

（三）教育系统意义

1. 有助于培养学生的道德品质与社会责任感

作为培养高素质人才的重要组成部分，德育教育能够通过道德教育和价值观培养，引导学生树立正确的人生观、价值观和责任感，使他们具备良好的社会行为规范，做到言行一致，遵守社会道德。这对于培养有社会责任感的公民和维护社会和谐稳定具有重要意义。

2. 有助于促进学生全面发展

教育的目标不仅是培养学生的专业能力，更是要培养学生的全面素质。德育教育作为一种人文教育，注重培养学生的人文关怀能力、艺术欣赏能力、道德价值追求等，促进学生综合素质的提高。通过德育教育，学生可以更好地磨砺品德，提升思想境界，培养审美能力，有效地推动他们个人的发展和成长。

3. 有助于营造和谐的校园文化氛围

高校是学生学习生活的重要场所，校园文化对于学生的成长起着重要的影响。德育教育不仅可以传递正面的道德观念和价值观，还能够培养学生的自我管理意识和行为规范，引导学生形成文明素养和良好行为习惯，创造和谐稳定的校园环境。

第二节 德育教育在高等教育中的地位和作用

一、德育教育在高等教育中的地位

（一）高等教育中德育教育的现状

随着社会的快速发展和变革，社会对大学生的道德品质要求越来越高，希望他们具备良好的道德修养和社会责任感。高等教育中的德育教育在培养学生的综合素质和全面发展方面起着重要的作用。德育教育不仅关注学生的道德行为，更重要的是培养学生的自律意识、价值观念和道德判断能力。高等教育中不断涌现出各种新兴问题和挑战，如道德伦理问题、人际交往问题等，这些问题对德育教育提出了新的要求。

（二）高等教育中德育教育的必要性

1. 培养学生的道德能力和价值观念

培养学生正确的道德观念和行为准则对于学生的成长至关重要。只有拥有良好的道德品质，学生才能够在社会中胜任各种角色并做出正确的决策。因此，高等教育中必须注重培养学生的道德能力，塑造正确的价值观念。

2. 提升学生的综合素质

德育教育不仅培养学生的道德品质，更注重提升学生的综合素质，包括社会责任感、领导能力、创新意识等方面。只有拥有全面的素质，学生才能适应社会的发展和变化，并充分发挥个人潜力。因此，高等教育中必须注重培养学生的综合素质，提高他们的竞争能力。

3. 培养学生的社会责任感和公民意识

作为社会的一员，学生有义务参与社会事务和履行社会责任。通过德育教育，可以提高学生的社会责任感，培养他们的公民意识。这不仅有利于学生的个人成长，也对社会的发展和进步具有重要的意义。因此，高等教育中必须注重培养学生的社会责任感和公民意识，使他们成为具有社会担当的人才。

（三）高等教育中德育教育的挑战与应对

传统的教育模式的影响依然存在，德育教育往往被边缘化、忽视或简化。学生普遍重视在学术成绩上的表现，而忽略了对道德品质的培养，这种现象是由于高等教育体制和评价机制的影响。

社会的多元化和快速发展给德育教育带来了新的挑战。现代社会面临伦理价值观的多样性和多元文化的冲击，而传统的伦理道德观念不能完全适应这种挑战。学生的道德观念和行为模式因此受到影响，出现了一些社会道德问题，如道德败坏、诚信缺失等，使德育教育面临更加复杂和困难的局面。

面对这些挑战，高等教育需要采取一系列应对措施来推进德育教育的有效实施。首先，高校应该加强师资队伍建设，培养一批德育教育专业师资，提升他们的教育教学水平和道德修养。其次，高校应该构建完善的德育教育评价体系，从学生的道德品质、人格特点和社会责任等方面进行全面评估，而非仅仅关注其学术成绩。此外，高校还应该积极开展德育教育课程和活动，通过课堂教学、社团组织、实践实习等形式，引导学生树立正确的价值观和道德观。

在实施德育教育的过程中，高等教育机构还应该与家庭、社会各界形成合力，共同推进德育教育的开展。建立起家校社合作的良好机制，共同关心学生的道德发展，从多方面对学生进行引导和教育。同时，高校也应该在学生的专业学习中加强德育要素的渗透，将德育教育与专业教育有机结合，使学生既具备扎实的学术能力，又具备良好的道德素养。

二、德育教育在高等教育中的作用

（一）培养学生道德素养

道德素养是指个体在社会互动中遵守道德规范、具备正确价值观和正确的道德判断力。通过德育教育的引导，学生可以培养道德意识，形成正确的价值观，并将道德原则应用于实际生活中。

德育教育可以通过教育活动和经验分享等方式，帮助学生学习和了解各种道德规范和伦理原则。通过这种方式，学生可以认识到道德规范对社会的重要性，进而对于道德行为崇尚和追求。

德育教育也可以通过实践活动来培养学生的道德素养。学校可以组织学生参与志愿者服务、社区活动等，让学生近距离接触社会，了解社会问题并积极参与解决。在这个过程中，学生会逐渐形成关爱他人、尊重他人、公正公平的观念和行为，从而提升自己的道德素养。

德育教育还可以通过课程设置和教学方法的改进来培养学生的道德素养。通过开设道德伦理课程、主题讨论等形式，让学生了解不同伦理观点和道德难题，引导他们进行思考。教师也可以采用案例分析、小组讨论等教学方法，激发学生的思考和辩证能力，培养他们的道德衡量和判断能力。

（二）塑造学生人格特质

实施德育教育，高等教育机构能够对学生的人格进行塑造和培养，使他们成为有道德修养和品质的公民,为社会做出积极的贡献。

德育教育通过课程设置和引导,帮助学生培养正确的道德观念和行为准则。学生在高等教育期间,通过学习道德伦理理论、分析道德问题、参与道德实践活动等,逐渐明确自己的价值,形成正确的人生观和价值观,塑造积极向上的人格特质。

德育教育注重培养学生的情感态度和社交技能,使他们具备良好的人际关系和沟通能力。在高等教育中,学生参与各类社团组织、实践活动等,与不同背景的同学互相交流合作,培养他们的团队合作精神,使他们学会尊重他人、理解他人,并能够建立良好的人际关系。这些积极的情感态度和社交技能对于形成健全的人格特质具有重要作用。

德育教育也通过提供多样化的自我发展机会,帮助学生在实践中塑造自己的人格特质。高等教育机构可以在校园内设置一系列的素质拓展活动,如学生社会实践、志愿服务等,让学生亲身参与其中,实践锻炼,进一步发展和完善自己的人格特质。这种实践性的德育教育能够激发学生的创造力和创新精神,帮助他们形成积极向上的人格特质。

(三)提升学生的社会责任感

社会责任感是指个体对社会问题的关注、关怀及积极参与的态度和行为。高等教育机构应当把培养学生的社会责任感作为重要的德育目标之一,通过有针对性的教育和引导,使学生在校园和社会中形成良好的社会责任感。

1. 培养学生的社会担当和参与意识

社会问题众多,需要社会各界的共同努力来解决。通过德育教育的引导,学生可以意识到自己作为社会成员的责任和义务,并积极参与到社会实践中。例如,学校可以组织学生参与志愿服务活动,帮助社区进行环境整治、扶贫帮困等,从而让学生亲身体验到社会责任的重要性,培养其社会担当。

2. 培养学生的公民意识和法治意识

作为公民，每个人都有自己的权利和义务，应当积极参与到社会事务中。通过德育教育的引导，学校可以培养学生对法律法规的尊重和遵守，使他们养成良好的社会行为习惯和道德准则。学校还可以组织学生参与社会公益活动，引导他们关注社会问题，了解社会现实，激发他们对社会发展的责任感和使命感。

3. 培养学生的团队协作精神和社会交往能力

在社会中，人们需要与他人进行合作和交流，拥有解决问题的能力和团队协作能力是必不可少的。通过德育教育的引导，学校可以开展团队合作训练和社会交往技巧培训，提供学生与社会各界进行交流的机会。这样，学生不仅可以增强自己的社会责任感，还可以培养出与他人合作的能力，为将来步入社会做好准备。

（四）促进学生的全面发展

德育教育不仅传授道德理念和提供道德指导，更是培养学生的道德情操、塑造其人格特质和提升其社会责任感来促进其全面发展。

1. 德育教育致力于培养学生的道德情操

学校注重思想道德教育，可以引导学生树立正确的价值观和道德观念。教育环境中的良好道德氛围和导师的榜样力量都对学生产生积极的影响。在课堂教学中，教师可以通过讲授道德案例、伦理道德理论等方法，引导学生思考并形成正确的道德判断能力。这种培养学生道德情操的方式，为学生的全面发展奠定了坚实基础。

2. 德育教育力求塑造学生的人格特质

人格特质是一个人在行为、思维、情感和心理特征方面的总体表现，是一个人的精神风貌和道德品质的综合体现。通过学习和实践，学生可以借助德育教育的引导，培养出积极向上、诚实守信、勇于担当等良好的人格特质。特别是参与各类德育实践活动，如志愿者服务、社会实践等，学生可以亲身参与社会事务，提升自己的人格魅力。

3. 德育教育有助于提升学生的社会责任感

在当今社会，每个人都承载着一定的社会责任。通过德育教育的引导，学校可以帮助学生深刻认识到自己承担的社会责任，并激发学生为社会做贡献的意识。学生通过了解社会的问题，参与到社会实践活动中，培养责任意识，提升自身的社会责任感。

三、德育教育对大学生发展的影响

（一）对个人发展的影响

1. 培养大学生的道德品质和人格素养

通过教育引导和实践锻炼，大学生深入理解什么是美德，懂得如何平衡个人欲望与社会责任，形成了正确的价值观和健康的人生态度。这种基于道德的个人发展，使大学生在不同情境下具备自律、正直、宽容等品质，为整个社会树立了良好的榜样。

2. 促进大学生的心理健康和自我成长

在大学生涯中，面对课业压力、人际关系、未来规划等种种挑战，德育教育为大学生提供了良好的心理辅导和指导，帮助他们更好地认识自己、处理情绪，培养积极的人生态度。心理健康的发展和自我成长使大学生能够更好地应对挑战，提高自己的综合素质和发展潜力。

3. 提升大学生的公民意识

通过德育教育,大学生能够更加关注社会问题和公共利益,形成积极的社会责任意识。他们积极参与公益实践、志愿服务等社会活动,关注和解决社会问题,为社会贡献自己的力量。在这个过程中,他们不仅能够提升自己的领导能力、组织能力和团队合作能力,还进一步加深了对社会的认同和对人类命运共同体的意识。

(二)对学业发展的影响

1. 德育教育可以帮助大学生养成良好的学习态度和学习习惯

通过德育教育,大学生能够树立正确的学习观念,明确学习的目标和重要性,养成自觉学习的习惯。他们懂得如何制订学习计划、合理安排时间,并且具备自我激励的能力。这些良好的学习态度和学习习惯使得大学生在学业上更加专注、自律,提高了他们学习效率和学术成绩。

2. 德育教育可以提升大学生的综合素质

德育教育注重培养大学生的创新思维、批判思维、沟通能力、团队合作能力等综合素质,这些素质在大学生的学业发展中具有重要作用。例如,在课堂上,大学生能够更好地理解并分析授课内容,积极思考问题并提出自己的见解,与同学们展开深入的讨论。在团队项目中,他们能够协作完成任务,有效解决问题并取得良好的成果。这些综合素质的培养使得大学生在学业上能够具备独立思考和解决问题的能力,提升学术水平。

3. 德育教育可以提供丰富的学习资源和实践机会

德育教育不仅注重课堂内的知识传授,还注重学生在校外的实践活动。通过参与各种学术竞赛、创新创业项目、社会志愿者活动等,大学生能够将所学的知识应用到实践中,并且通过实践来丰富自己的学习体验,提升专业能力。这些学习资源和实践机会给予了大学生在学业上更广阔的发展空间，激发了他们的学术兴趣，培养了他们的实践能力。

（三）对社会适应能力的影响

德育教育通过培养良好的道德品质和价值观，帮助大学生树立正确的世界观、人生观和价值观。德育教育注重培养学生的社会责任感和公民意识，使其认识到自己是社会的一员，应当为社会作出贡献。这种价值观的培养将使大学生具备正确的社会道德观念和行为准则，在社会中更好地建立良好的人际关系。

德育教育通过开展社会实践活动，帮助大学生增强社会适应能力。社会实践是德育教育的重要组成部分，通过参与社区服务、志愿活动、实习等，大学生能够接触到各种社会实际问题，并解决这些问题。在实践中，他们将面对各种困难和挑战，需要与他人合作、沟通和协调，适应社会环境。通过这样的实践锻炼，大学生能够培养解决问题的能力、自信心和应变能力，增强社会适应的能力。

德育教育还注重培养大学生的人际交往能力。在高等教育中，学生可以多次与同学、教师、社会人士等进行交往和合作。德育教育应该引导学生学会正确的交往方式和沟通技巧，使他们能够与不同背景的人相互理解和合作。

第二章　高校德育教育目标与内容

第一节　德育教育的目标

一、价值观塑造

价值观塑造是通过培养学生的正确价值取向和道德观念来引导他们形成良好的道德品质和行为习惯的。这一目标旨在培养学生的价值意识和道德判断能力，使其具备正确的价值导向和道德行为。

（一）价值观塑造的作用

1. 有助于培养学生的道德判断力

道德判断力是人们对于道德问题进行辨析和决策的能力。通过培养正确的价值观念，学生能够根据道德原则和价值观准则来判断和评估自己的行为和他人的行为，从而做出积极的选择和决策。例如，当面临诚信与作弊之间的抉择时，拥有正确的价值观念的学生会意识到诚信的重要性，选择拒绝作弊。

2. 有助于培养学生的公民意识和社会责任感

公民意识是指个体对于自己作为公民所应承担责任的认同意识。通过引导学生树立正确的价值观念，可以引起他们对社会现象的关注和思考，增强他们的社会责任感。学生能够意识到自己在学习和生活中的行为可能会对他人和社会产生影响，进而积极参与到社会实践和公益活动中，为社会发展和进步做出积极的贡献。

3. 有助于培养学生的创新精神和实践能力

正确的价值观能够激发学生的创造力和创新思维,使他们积极面对挑战和问题,并寻求创新的解决方案。价值观塑造鼓励学生勇于尝试和实践,从而培养他们实践能力和创新素养。这种素养对于学生未来的职业发展和社会适应能力具有重要意义。

(二)价值观塑造的实践策略

1. 注重课堂教育

德育教育需要融入各个学科中,使学生在学习知识的同时也接触到道德、伦理等方面的教育内容。例如,在人文社会科学类课程中,可以引导学生关注社会问题,培养他们对社会公正与公平的关注;在科学技术类课程中,可以引导学生关注科学伦理等问题,强调科学研究应该符合道德规范。通过这种方式,学生可以在学习中形成正确的价值观念,并将其运用到实际中去。

2. 组织实践活动

实践活动包括社会实践、志愿服务、社团活动等形式。在实践中,高校可以通过组织学生参与公益项目、社区建设等活动来培养他们的社会责任感和价值观念。学生可以通过实践来发现自己的不足之处,提升自己的道德判断力。

3. 校园文化建设

高校可以营造积极向上的校园氛围,通过校园文化建设来影响学生的价值取向。例如,举办各种讲座、文化活动、文艺演出等,传递积极的价值观,向学生展示正能量的力量。高校也应该注重师生关系的建立,营造一个和谐、公正的学术环境,让学生在这样的环境中感受到良好的道德榜样。

二、道德判断力培养

道德判断力是指个体在面临道德问题时，能够准确、客观地分析并做出正确判断的能力。它涉及对道德理念、原则和价值的理解，以及在具体情境中应用这些理念进行判断的能力。道德判断力的培养是高校德育教育目标中的重要方面，它旨在帮助学生形成独立思考、正确认知和积极道德行为的能力。

（一）道德判断力培养的作用

1. 有助于提升学生的道德素养

道德判断力的培养要求学生具备对于伦理、道德原则、价值观念等的理解和判断能力。培养学生的道德判断力，可以使他们具备正确的价值观念，提高对道德问题的敏感性，从而增强他们的道德素质。

2. 有助于培养学生的自主决策能力

在现代社会中，学生将面临各种复杂的道德问题，需要他们独立思考，作出决策。培养学生的道德判断力，可以使他们具备分析问题的能力，掌握道德判断的方法和技巧，从而更好地进行自主决策。

3. 有助于强化学生的社会责任感和公民意识

在社会发展进程中，人们需要具备正确的道德判断力，承担起自己的社会责任。培养学生的道德判断力，可以使他们深刻理解自己在社会中的角色和责任，培养他们的社会责任感和公民意识。

4. 有助于培养学生的创新精神和实践能力

判断是创新的基础，只有具备良好的道德判断力，才能在面对新问题、新挑战时做出合理的判断和决策。培养学生的道德判断力，可以提升他们的创新思维和实践能力，为其未来的创新和实践提供重要支持。

（二）道德判断力培养的实践策略

道德判断力是指学生在面对道德问题时，能够准确辨别好与坏、对与错，并做出正确的道德判断和决策的能力。

1. 开展实践活动

学校可以组织各类实践活动，如社会实践、义工活动、参观考察等，让学生参与其中，并面对各种复杂的问题。借助实践的方式，让学生深入了解现实社会中的复杂情境和伦理挑战，从而锻炼他们分析问题、判断情境、权衡利弊的能力。学校应该引导学生在实践过程中及时反思和总结，提出合理的道德判断并承担相应的责任。

2. 引入真实案例

学校可以选取一些具有代表性和现实性的案例，如经典的伦理案例、新闻报道中的伦理争议等，引导学生利用道德理论和价值观进行分析和判断。通过讨论和辩论，激发学生的思维，鼓励他们分析道德问题、利用道德原则和价值观进行判断。学校应该鼓励学生发表自己的观点和意见，并尊重不同的立场和观点。

3. 借助教师教学

教师应该借助教学设计和教学方法，培养学生的道德判断力。教师可以采用案例讨论、小组讨论、角色扮演等活动形式，引导学生思考并参与道德决策的过程。还可以组织学生进行道德伦理的辩论赛和道德判断的竞赛，激发学生的兴趣和积极性，提升他们的道德判断能力。

4. 创造道德环境

学校要积极创造良好的道德环境，培养学生正确的道德价值观和道德观念。学校可以开设道德伦理课程,让学生学习和理解道德原则与价值观,为他们提供正确的道德判断的基础。同时,学校还应该加强对学生的道德引领和鼓励,如表彰先进个人、组织道德教育活动等,营造浓厚的道德氛围和道德风尚。

三、公民意识和社会责任感培养

公民意识是指公民对于自己作为国家成员和社会成员的意识和认同,是公民主体性和社会参与意识的重要体现。在高校德育教育中,公民意识的培养旨在引导学生树立积极的国家意识、社会意识和法治意识,培养学生热爱祖国、关心社会、遵纪守法、尊重他人的良好品质和行为,提高他们参与社会生活和公共事务的能力。

社会责任感是指个体对社会共同利益和福祉的认同和关注,并主动承担起自身在社会上应尽的义务和责任。在高校德育教育中,社会责任感的培养旨在引导学生认识到自身作为社会成员的角色和责任,激发其关心社会发展和社会问题的意识,培养其积极参与社会事务并为社会做出贡献的能力。

(一)公民意识和社会责任感培养的作用

1. 有助于培养学生正确的价值观

在现代社会,道德观念和价值取向的塑造十分重要。通过培养学生的公民意识和社会责任感,可以引导他们正确看待和处理各种社会问题,形成正确的价值判断,树立正确的道德观念。

2. 有助于培养学生的创新精神和实践能力

公民意识和社会责任感不仅要求学生关注社会问题,还要求他们积极参与社会实践并提出解决问题的创新思路和方法。培养学生的公民意识和社会责任感能够激发他们的创新潜能,提升他们的实践能力。

3. 有助于培养学生的公共参与意识和社会参与能力

一个拥有公民意识和社会责任感的个体，会积极关注并参与社会事务，为社会的进步和发展作出贡献。通过培养学生的公民意识和社会责任感，可以让他们认识到自己是社会的一员，具有公共权益和义务，从而提高他们的公共参与意识和社会参与能力。

4. 有助于培养学生的社会责任感和敬业精神

作为高校的学生，拥有公民意识和社会责任感，有利于积极履行自己的社会责任，提高自身的专业素养和道德水平，展现出良好的职业操守和敬业精神。

（二）公民意识和社会责任感培养的实践策略

1. 举办社会实践活动

通过参与社区服务活动、参观企事业单位等形式，学生能够亲身感受社会的多样性和复杂性。在这些实践中，学生将会与不同背景的人们接触，面对社会问题，并思考如何为社会作出贡献。这种参与式的学习体验有助于提升学生的自觉意识和社会责任感。

2. 重视课程设置

课程内容应该包含社会伦理、公民知识、公共事务等方面的知识。例如，可以设置必修课程“公民教育与社会责任”，让学生了解各种社会问题，学习公民的基本权利和义务，培养尊重他人、关心社会的意识和行为。为了使课程更具活力和互动性，教师可以引入案例分析、小组讨论等教学方法，鼓励学生主动思考和参与进来。

3. 积极开展社会公益项目

学校可以与社区组织、企事业单位、非营利组织等建立合作关系，开展跨学科的社会实践项目。这些项目可以涉及环境保护、公益活动、社会创新等方面，通过学生的参与，帮助他们了解社会问题的复杂性，并锻炼他们解决问题的能力和责任心。

4. 注重培养学生的自我反思和批判性思维能力

学校可以通过让学生参与案例分析、辩论、论文写作等活动来促进学生的思辨能力。学生在这些过程中将会面临各种伦理、道德问题，并进行反思和判断。这样的实践能够培养学生的思辨意识和自主性，使他们成为具有公民意识和社会责任感的独立思考者。

四、创新精神和实践能力培养

创新精神是指学生在思维方式、行动方式以及解决问题的能力上具有超越传统模式的能力和意识。实践能力是指学生通过实践活动，将理论知识转化为实际操作的技能，并在实践过程中培养独立思考、创新思维能力。

（一）创新精神和实践能力培养的作用

1. 有助于激发学生的创造力和创新思维

在现代社会，创新已经成为推动社会进步和经济发展的重要动力。高校作为培养人才的重要阶段，应当重视培养学生具备创新精神和实践能力，以适应社会的需求。

2. 促进学生的综合素质提升

创新和实践是相互促进的，只有将所学知识和理论应用到实际中去，才能更好地理解和掌握学科知识，培养学生综合运用知识的能力。通过实践，学生可以加深对所学知识的理解和记忆，并通过解决实际问题来提高解决问题的能力和创新思维。

3. 有助于学生的职业发展和就业竞争

随着社会和经济的发展，人才市场对创新和实践能力的需求越来越高。有创新精神和实践能力的毕业生在职场上更具竞争力，也能够更好地适应社会的变革和挑战。

（二）创新精神和实践能力培养的实践策略

1. 构建创新实践平台

创新实践平台可以是实验室、创新工作室、跨学科研究中心等，为学生提供创新实践的场所。通过在实践中摸索和实施自己的想法，学生能够培养自主探索的能力，加强创新思维的培养。

2. 开设创新创业课程

通过授课、实践项目以及实地考察等方式，让学生深入了解创新创业领域的理论和实践，培养他们的实践操作技能和解决问题的能力。这些课程可以涵盖创新管理、市场营销、技术研发等方面，为学生提供多样化的学习机会。

3. 鼓励学生参与科研和创新项目

学生可以主动申请加入导师的科研团队，参与科研项目，进行实验和数据分析，锻炼自己的科研能力和实践操作能力。学校还可以组织创新大赛和创业比赛，鼓励学生将自己的创新成果实践应用，培养他们的创新思维和实践能力。

4. 加强与社会企业、行业组织的合作

通过与企业合作开展合作项目，学生能够深入了解行业实践，并应用所学知识解决实际问题。这种实践经验将有助于培养学生的实践能力和创新精神，使他们能够更好地适应社会的发展和需求。

第二节　德育教育目标的设定原则与方法

一、导向性原则

（一）导向性原则的要求

导向性原则强调在制定德育目标时应具有一定的导向性，即要明确指引学生的成长方向和发展轨迹。

1. 导向性原则要求德育目标的设定应具备发展性

高校要以培养具有创新精神和实践能力的人才为目标，定位高校德育教育的发展方向。德育目标应包括提高学生的综合素质、培养创新意识、增强自主学习能力等，从而引导学生在学习、生活和社会实践中获得不断成长和发展。

2. 导向性原则强调全面性

德育目标的设定应以学生的全面发展为导向，注重培养学生的人文素养、社会责任感和创新能力。高校德育教育不仅要注重学生的学术成就，更要关注学生的道德品质和个性发展。在实施导向性原则时，高校应通过创建良好的学习环境和多元化的社交平台，促进学生全面发展。

3. 导向性原则要求德育目标的设定具有实践性

高校德育教育的目标不应停留在理论层面上，而是要引导学生将所学知识与实际问题相结合，注重实践能力的培养。通过实践，学生才能更好地理解和运用所学知识，提高解决实际问题的能力，培养实践创新意识和实践能力，从而为学生将来进入社会做好充分的准备。

4. 导向性原则要求德育目标具有发展性

高校德育教育的目标应与时俱进，与社会发展相适应。随着社会的不断发展和变化，高校德育教育目标需要不断调整和完善，以适应新时代的需求。高校应加强对德育目标的研究，紧密关注社会变化和学生需求，不断改进目标设定，确保高校德育教育的目标符合社会和学生发展。

（二）导向性原则在高校德育教育中的应用

1. 设定明确的目标

高校德育教育的目标应该具有明确的导向性，使学生能够在学习和生活中形成正确的价值观和行为准则。通过设定具体的目标，学校可以引导学生在道德、心理、智力等方面全面发展，并培养他们的社会责任感和创新能力。

2. 实施全面的教育内容

高校德育教育应该注重培养学生的品德修养、学术素养、社会责任感等多个方面。在课程设置上，应该综合考虑各个学科的特点和要求，为学生提供全面、协调的教育内容。还可以通过开设各种形式的辅助课程和实践活动，帮助学生在实践中理解和应用道德准则。

3. 遵循发展性原则

高校德育教育不仅应该满足当前社会发展的需要，还应该具备未来社会需求的适应性。因此，应该积极关注社会变革，及时调整和更新教育目标。还应该为学生提供多样化的学习机会和资源，让他们能够从容应对未来社会的挑战。

4. 注重评价和反馈机制

通过对学生学习成果的评价和反馈，可以及时发现问题，进一步指导学生的学习和发展。评价应该注重学生的综合素质和道德品质，为他们提供积极的激励和指导，从而引导他们不断进步。

(三)导向性原则的实施策略及其效果

1. 明确高校德育教育的目标

德育教育的目标是培养学生全面发展的个性和社会责任感，使其成为具有良好道德素养和社会伦理观念的公民。因此，在制定实施策略时，应该紧密围绕这一目标展开，确保教育内容和方法的导向性。

2. 注重对个体差异的考虑

每个学生都是独特的个体，具有不同的潜能和需求。因此，在设计德育教育方案时，应该根据学生的实际情况，制定符合其发展需求的个性化策略。这样可以更好地引导学生，使他们充分发挥自身潜能。

3. 注重遵循实践性原则

德育教育不仅仅是传授理论知识，更重要的是通过实践活动来培养学生的能力和素养。因此，实施策略应该注重培养学生实际操作的机会，如社会实践、志愿者活动等。通过实践，学生能够更好地理解和应用德育教育的原则，进而提升其道德意识和社会责任感。

4. 评估实施策略的效果

通过评估，可以了解到实施策略的具体效果，进一步优化教育方案。评估可以从学生的道德行为、思维方式、心理素质等方面展开，以便全面了解德育教育的效果和学生的发展情况。

二、全面性原则

(一)全面性原则的要求

在高校德育教育中,全面性原则意味着德育教育目标的设定应该全面覆盖学生个人发展的各个方面,不局限于学业成绩或道德行为。

1. 全面性原则要求教师关注学生的身心健康

在高校德育教育中,教师应该关注学生的体格发育、心理健康和生活习惯等。通过体育锻炼、心理辅导、健康教育等方式,帮助学生树立正确的健康观念,提高他们的身心素质,为其全面发展提供有力保障。

2. 全面性原则要求教师关注学生的思想品德

德育教育的目标应该是培养学生的道德品质、价值观念和行为规范。在高校德育教育中,教师可以通过开展思想道德教育课程、组织志愿活动、举办讲座等方式,引导学生树立正确的人生观、价值观,提升他们的道德水平。

3. 全面性原则要求教师关注学生的社会责任感

作为高校德育教育的重要目标之一,培养学生的社会责任感对于他们成为有用之才具有重要意义。教师可以通过组织社会实践、参与社区服务、鼓励学生参与公益活动等方式,激发学生的社会责任感,培养他们关心社会、乐于奉献的品质。

(二)全面性原则在高校德育教育中的应用

全面性原则强调德育目标的全面性和综合性,意味着培养学生全面发展的能力,使其在德智体美劳等各个方面都具备良好的素养。

全面性原则要求高校德育教育目标的制定需要考虑到学生的整体发展。这意味着德育目标不仅注重学生的道德品质培养，还要关注学生的学术能力、科研能力、实践能力等。例如，高校可以通过设立丰富多样的德育活动，引导学生在学科竞赛、社会实践和志愿服务等方面全面发展，培养出既具备道德情操又具备专业素养的优秀人才。

全面性原则要求高校德育教育目标的设置应注重学生的综合素质培养。这意味着高校要通过教育和引导，培养学生的多元能力，包括思维能力、创新能力、沟通能力、领导能力等。高校可以开设核心素质课程，提供丰富多样的社团活动和实践机会，让学生在实践中锻炼，提升自身的综合素养。

全面性原则还要求高校德育教育目标的制定要与时俱进，与社会发展保持密切联系。随着社会的不断变化和发展，高校德育教育目标也需要进行适应性的调整和更新。高校可以通过与社会企业建立合作，将实际需要和社会需求融入德育教育目标的制定中，使目标更贴合实际、有利于学生未来的发展。

（三）全面性原则的实施策略及其效果

1. 建立起全面评价的体系

评价体系应该包括多个方面的指标，如学生的道德品质发展、思想政治素养、社会责任感等。只有通过对多个指标的综合评估，才能全面了解学生在德育教育中的发展状况。评价体系应该具备量化评估和定性评估的双重效果，更好地反映学生的德育教育水平。

2. 注重培养学生的多元能力

高校德育教育不仅要关注学生的道德观念和行为规范，更要注重培养学生的创新思维、批判思维和沟通能力等。这些多元能力的培养不仅有助于提升学生的素质，还能使他们更好地适应社会的变化和发展。

3. 积极引导学生参与社会实践

高校可以通过组织社会实践活动，引导学生主动参与到社会中去，亲身体验社会的多样性和复杂性。社会实践不仅是将学生的知识与实践相结合的有效途径，还可以培养学生的社会责任感和奉献精神。

4. 注重专业与德育目标的有机融合

高校德育教育不应与专业教育相割裂，而是应该与专业教育有机结合。通过课程设置和教学方法的创新，可以使德育教育目标更好地与专业教育相契合，促进学生全面发展。

三、实践性原则

（一）实践性原则的要求

实践性原则强调的是学生在德育教育过程中需要进行实际的实践活动，通过亲身参与、实际操作获得知识和技能。实践性原则突出了德育教育的实践性特点，追求与实际生活密切相关的教学内容和实际操作的教学方法。

实践性原则意味着德育教育不能仅仅停留在理论层面，而是需要将理论知识与实际应用相结合。在实践性原则的指导下，学生需要通过实践活动去验证和应用所学的德育知识，从而更好地理解和掌握德育教育的要点和核心内容。例如，学生可以通过参与社区服务活动、参观实践、实习实训等，将所学的德育理论应用到实际生活中，进一步提升自身的道德素养和实践能力。

实践性原则要求学生在实践活动中积极主动参与、亲身实践，从中体验并反思所学的德育教育。实践性原则注重培养学生的实践意识和实践能力，通过参与实践活动，学生能够深刻感受道德行为的价值和意义，进一步激发学生对德育目标的追求和实践动力。例如，参与团队合作项目，可以培养学生的团队意识和合作精神，同时在实践过程中也会遇到各种挑战和困难，从而促使其不断反思和成长。

实践性原则强调实践活动的连续性和系统性，要求学生在德育教育过程中进行多样化和分阶段的实践活动。有计划、有组织的实践活动，可以培养学生的德育素养和实践能力，逐步实现个人的德育目标。例如，学校可以组织一系列的德育实践活动，从大型社会实践到小组活动，让学生在不同的实践场景中逐渐提升自己的实践能力和道德修养。

（二）实践性原则在高校德育教育中的应用

实践性原则强调学生实际操作能力的培养，注重将学生所学知识与实际问题相结合，让学生在实践中运用所学，掌握解决问题的方法和技巧。实施实践性原则可以有效促进学生的综合能力发展，提升其在实际工作中的竞争力。

实践性原则要求高校德育教育从理论到实践的有效衔接。这意味着学生在课堂上所学的知识需要通过实践活动得到应用和验证。例如，在教学过程中，可以组织学生参与社会实践活动、校内实习或实验等，让学生亲身体验和应用所学知识，从而加深对知识的理解和记忆。

实践性原则要求高校德育教育关注学生实际问题解决能力的培养。传统的德育教育注重的是道德规范的传授和灌输，但实践性原则更加注重培养学生独立思考和解决问题的能力。高校可以通过组织学生参与实际项目和实践课程，引导学生面对实际问题，培养学生的创新意识和解决问题的能力。

实践性原则还要求高校德育教育与社会实践需求相契合。高校的教育目标应该和社会需求相结合，培养符合社会要求的人才。因此，高校可以与企业、社会组织等合作，开展实践性课程或实习项目，让学生在实际工作中获得锻炼和经验，提高其实践能力和适应能力。

实践性原则的应用需要教师的指导和引导。教师可以通过设计实践性课程和活动，引导学生进行实践操作和实践思考。同时，教师还要适时地提供指导和反馈，帮助学生发现问题和解决问题。

(三)实践性原则的实施策略及其效果

1. 注重实践教学的设计

在德育教育过程中,要根据学生的学习特点和实际需求,合理安排实践性的教学内容和任务。例如,针对思想政治教育课程,可以组织学生实地参观,参加社会实践活动,帮助学生更好地理解理论知识,并将其应用于实际情境中。实践性的教学设计不仅能够增加学生的学习兴趣,还能够培养其实践能力和问题解决能力。

2. 加强对实践环节的指导与引导

在实践活动中,教师应充当良好的指导者和引导者,帮助学生明确实践的目标和意义,指导学生制订实践计划,并及时给予反馈和评价。教师还需要提供相关资源和支持,为学生提供必要的指导材料、技能培训及交流平台,以便学生能够顺利完成实践任务并取得实践成果。

3. 注重实践成果的评估与总结

实践活动的目的在于促进学生的综合能力发展,对学生的实践成果进行评估和总结是非常必要的。评估可以采用多种方式,如口头报告、书面报告、展示等,同时还需要充分考虑学生的实践过程和实践结果,综合评价学生在实践中所表现出来的素质与能力。通过对实践成果的评估和总结,可以不断完善实践活动的设计和指导策略,提升德育教育的实效性和针对性。

4. 密切关注实践性原则的应用效果

教师和学校要密切关注实践活动的效果,通过对学生学习情况的观察和调查可以了解实践性原则的应用效果,及时发现问题并采取相应的改进措施。也需要充分倾听学生的反馈意见,了解其对实践活动的评价和建议,进一步优化实践性原则的实施策略,提升德育教育的质量和效果。

四、发展性原则

(一)发展性原则的要求

发展性原则要求德育教育目标必须与学生的年龄、成长阶段、认知水平等因素相匹配。因为,学生在不同的年龄阶段或发展阶段对德育目标的理解和接受程度是不同的,如果德育目标过高或过低,会影响到目标的实现效果。因此,在制订德育教育目标时,应根据学生的特点和需求,有针对性地制订适宜的目标,促使学生在德育教育中逐步发展和进步。

发展性原则要求德育教育目标应具有可塑性和可发展性。德育教育目标应随着学生的发展和社会的变迁而不断调整和完善。学生的成长是一个持续和渐进的过程,其在德育方面的需求和潜力也在不断变化。因此,德育教育目标要具备灵活性和开放性,以适应学生不同阶段的发展需求,并且要不断反思和更新目标,使之与时俱进。

发展性原则还要求德育教育目标应与个体差异相协调。每个学生都是独特的,其性格、兴趣、能力等方面都存在着差异。因此,设置德育教育目标时,需要考虑每个学生的个体特点,既要充分尊重和发展学生的个性差异,又要在目标中维护社会价值观和公共利益。这就需要教师在目标设定过程中进行综合权衡和调节,确保德育目标个性化和整体性的统一。

(二)发展性原则在高校德育教育中的应用

发展性原则要求高校德育教育目标的设定不仅关注学生现有的特长和优势,还要考虑学生的潜力和成长空间。在制订德育目标时,学校应该对学生进行全面的素质评估,了解其学习兴趣、个人爱好及潜在才能等方面的信息,为学生制订合理的发展目标。

发展性原则强调高校德育教育要兼顾学生的学业发展和职业规划。高校德育教育的目标应当以培养学生的综合素质为核心,同时要结合学生的专业需求和未来职业的要求,帮助制定个性化的发展规划。在实践中,学校可以引导学生积极参与社会实践、校园活动及专业实践,提供相关的指导和支持,帮助他们在实践中不断成长。

发展性原则还要求高校德育教育目标的设定需要与学生的个体差异相结合。每个学生都有自己的特点和需求,在设置目标时应考虑这些差异性。学校可以尝试为学生提供多样化的德育教育项目和活动,让学生根据自己的兴趣和需求进行选择和参与。这使学生的参与度和满意度都能得到提高,进一步有效推动德育目标的实现。

(三)发展性原则的实施策略及其效果

1. 提供多元化的学习机会和活动

例如,开设丰富多样的选修课程,允许学生根据自己的兴趣和潜能选择适合的课程。组织各种形式的实践活动,如社会实践、实习、志愿者服务等,以培养学生的实践能力和社会责任感。这些丰富多样的学习机会和活动不仅能够满足学生的多样化需求,还能够激发学生的潜能和积极性,促进学生在不同领域中的全面发展。

2. 注重培养学生的创新能力和创业精神

可以推出创新创业教育项目,如开设创新创业课程、举办创新创业比赛等。建立创新创业实践基地,为学生提供创新创业的实践平台和资源支持。通过这些措施,高校不仅可以培养学生的创新思维和实践能力,还可以促进学生将知识和技能应用到实际创业中,为社会经济发展作出贡献。

3. 注重学生自主学习能力的培养

可以推行个性化学习模式,如引入在线学习平台、提供学习导师制度等。这样的学习模式能够激发学生的学习动力，培养学生主动探究的能力和自主管理的能力。同时，高校还应当鼓励学生参与学术研究和科研实践，并提供相应的支持和指导，从而帮助学生培养科研创新能力。

4. 加强对学生发展的评估和反馈

高校可以制定科学合理的评估体系，从多个方面对学生的发展进行全面评价。同时，提供个性化的反馈，并为学生制订个性化的发展规划和辅导措施，帮助学生进一步发展和成长。

第三节　德育教育的基本内容

一、爱国主义教育

（一）高等教育中的爱国主义教育实践

1. 课堂教学

教师可以通过讲解爱国主义的基本原理和社会主义核心价值观，引导学生思考和理解国家的发展历程和发展道路。同时，借助案例分析和讨论，引导学生了解国家面对的挑战和发展机遇，激发学生的爱国情感。

2. 实践活动

学校可以组织学生参观历史纪念馆、革命遗址等，让学生深入了解国家的历史和文化。此外，学校可以组织学生参与社会实践活动，如志愿者工作、社区服务等。通过参与社会实践，学生能够了解国家和人民的实际需求，加深对国家的认同和热爱。

3. 开设相关的选修课程

这些课程可以探讨爱国主义的理论和实践问题,帮助学生在思想层面更好地理解和把握爱国主义的核心价值。同时,课程还可以引导学生运用专业知识和技能来服务国家和社会,培养学生的社会责任感和担当精神。

(二)爱国主义教育的影响与挑战

信息技术的快速发展对爱国主义教育带来了影响。互联网和社交媒体的普及使信息传播更加容易和迅速,学生接触到的信息也更广泛,包括来自不同国家和文化的信息。因此,如何引导学生筛选和理解信息,成为爱国主义教育中需要思考和应对的问题。

社会发展中的竞争和个人主义的倾向对爱国主义教育构成挑战。现代社会追求个人发展和成功的声音越来越多,这可能会导致学生关注个人的利益而忽视国家的利益。因此,高等教育应当致力于培养学生的社会责任感和集体主义意识,让学生认识到自己的发展离不开国家的繁荣和稳定。

教育体制和教育资源的不平等对爱国主义教育带来影响。在一些地区和学校,教育资源有限,无法提供充足和优质的爱国主义教育,导致学生对国家和民族的认同度较低。因此,教育制度应促进资源的均衡分配,确保所有学生都能接受均衡的爱国主义教育。

二、思想教育

(一)思想教育的理论构建

1. 基于思想教育的价值观建构

思想教育的价值观建构是构建思想教育理论的重要基础。在高校德育教育中，爱国主义教育、道德教育、心理健康教育等价值观是思想教育的核心要素。通过对这些价值观的深入探讨和理解，可以为思想教育的实施提供指导，也可以为高校德育教育的全面发展奠定基础。

2. 基于学生主体性的思想教育实施

思想教育的理论构建需要将学生纳入教育过程的主体地位中来，鼓励学生积极参与到思想教育活动中。通过鼓励学生的主体性，可以提高学生的思辨能力和创新意识，培养其独立思考和解决问题的能力。

3. 基于跨学科的思想教育理论整合

思想教育涉及多个学科领域，如哲学、教育学、社会学等多个学科领域的理论和方法。在思想教育的理论构建中，需要将这些学科领域的理论进行整合，形成一个相互融合、协同发展的体系。通过跨学科的整合，可以拓展思想教育的理论框架，丰富思想教育的内容和方法，使其更加符合高校德育教育的实际需求。

4. 基于社会现实需求的思想教育理论创新

高校德育教育需要与社会需求相结合，以培养社会所需要的高素质人才为目标。在思想教育的理论构建中，需要充分考虑社会的变化和需求，创新思想教育的理论和方法。通过与社会现实的紧密对接，思想教育可以更好地适应社会发展的要求，为学生的成长和发展提供更好的支持。

（二）高等教育中的思想教育实施

1. 注重师生之间的密切互动

高校教师应充当良好的引导者和榜样，在教学过程中与学生进行积极互动。这种互动可以通过课堂讨论、思辨性问题的引导及个人辅导等多种方式实现，以促进学生对社会现象和价值问题的深入思考。

2. 重视课程设置

高校应该在各个专业课程中融入思想教育的内容,使之贯穿于学生的整个学习过程中。例如,在文学、哲学、社会科学等课程中,可以引导学生分析和评价各种思想观点,并促使学生形成独立的思考能力和判断力。开设独立的思想教育相关课程也是一种有效的方式,通过专门的教学模块和案例研讨,进一步加强学生的思辨和探究能力。

3. 创造积极的学习环境

学校可以鼓励学生参与社团、学术团体和志愿者活动等,通过社交和互动的方式培养学生的社会责任感和公民意识。高校还可以提供丰富多样的学习资源和平台,如图书馆、学术讲座、论坛等,以便学生在学习中接触到不同思想观点和学术领域的最新发展,从而拓宽学生的思维和视野。

4. 强调学校和家庭的共同合作

学校与家庭之间的密切联系可以促进学生的全面发展。学校可以定期举办家长会和座谈会,与家长沟通学生在思想教育方面的情况,共同探讨学生的成长问题。家庭则应给予学生更多的关心和支持,与学校共同致力于培养学生的思维能力和价值观。

(三)思想教育的效果评估

对思想教育的效果进行评估,可以更好地了解学生的思想状态和成长情况,并为改进教育方法和策略提供依据。思想教育的效果评估可以从以下四个角度和层面进行。

1. 心理状况

对学生的心理状况进行评估,可以了解学生的心理健康状况及其对思想教育的接受程度。这可以通过心理测试工具、问卷调查等方式来进行。评估学生的心理状况可以帮助教师了解学生的压力水平、情绪波动及心理问题的存在与否,从而有针对性地开展心理健康教育和辅导工作。

2. 道德意识

通过道德意识的评估,可以了解学生对道德规范和道德行为的理解和遵守程度。这可以通过观察学生的言行举止、小组讨论及道德情景模拟等方式进行。评估学生的道德意识可以帮助教师了解学生在道德领域中的发展情况,从而引导和促进学生形成正确的道德观念和行为习惯。

3. 价值观念

通过评估学生的价值观念,可以了解其对真、善、美的理解和追求。这可以通过问卷调查、开放性讨论等方式进行。评估学生的价值观念可以帮助教师更好地了解学生的人生观、世界观和价值观,并有针对性地进行引导和教育。

4. 思想素质

思想素质评估可以从思辨能力、创新意识、批判思维、自主学习能力等方面进行。通过观察学生在学习、实践和社交中的表现,评估学生的思想素质发展状况,为培养学生的独立思考和创新能力提供参考。

三、道德教育

(一)道德教育的理论框架

1. 人类道德观

人类道德观的核心价值是以人为本,注重个体自由发展和社会公平正义的综合体现。在高校德育教育中,道德教育的理论框架应充分体现人类道德观的基本原则，引导学生树立正确的道德价值观。

2. 道德发展阶段理论

道德发展阶段理论认为，个体的道德发展存在一定的阶段性，从儿童到成人的道德观念和行为逐渐发展演变。在高校德育教育中，了解学生所处的道德发展阶段，有针对性地进行道德教育，能够促进学生的道德意识和道德判断能力的提升。

3. 道德教育目标的确定

高校德育教育通过道德教育培养学生的社会责任感、公民意识、职业道德等方面的道德素养。道德教育目标的确定要充分考虑社会发展的需求和学生的特点，确保道德教育的有效实施。

（二）高校中的道德教育策略

1. 构建全员参与的道德教育体系

全员参与的道德教育体系构建意味着不仅是道德教育部门负责道德教育工作，全校师生都应当参与其中。学校可以通过制订相关的道德教育计划，将道德教育纳入各个层面和环节，包括课程设置、校园文化建设、社团活动等。此外，学校可以组织各类道德实践活动，让学生亲身参与其中，提升学生的道德观念和责任感。

2. 注重培养学生的道德判断与决策能力

道德判断与决策能力的培养需要通过实践和案例分析的方式进行，培养学生对不同道德困境和伦理问题的思考和分析能力。在教学过程中，教师可以引导学生分析具体的案例，让学生从不同的角度思考，明确道德行为的标准和原则。通过培养学生的道德判断与决策能力，能使学生在未来面对各种复杂的道德选择时，做出正确的决策。

3. 重视道德实践的引导

道德实践是将学生所学的道德知识与道德行为相结合的关键环节。学校可以积极组织学生参与社区服务、志愿者活动及社会实践等，让学生将所学的道德观念应用于实际生活中。通过实践的方式，学生将更深刻地体会到道德行为的重要性，并逐渐形成正确的价值观。

4. 注重师生互动和积极评价

教师应该成为学生的榜样，积极引导和激励学生的道德成长。教师可以通过互动式教学的方式，让学生在课堂上积极参与，促进学生对道德教育内容的理解。此外，学校可以设立相关的荣誉奖励和评比机制，鼓励学生在道德行为上的积极表现，形成良好的道德竞争氛围。

（三）道德教育的成效及其影响

对学生进行道德教育，可以培养学生正确的价值观和道德观念，促使学生形成良好的道德品质和行为习惯。道德教育的成效不仅体现在个体层面，还能对社会产生深远的影响。

接受道德教育能使学生树立正确的道德观念，增强自身的道德修养。道德教育还能够提升学生的自觉性和责任感，使学生能够承担起自己作为社会成员的责任。同时，道德教育还能培养学生的感恩之心和奉献精神，使学生更加关注他人的需要，积极参与社会公益活动，为社会进步贡献力量。

学生是社会的栋梁之材，其道德修养与行为习惯对整个社会的道德风气起示范作用。如果学生在道德教育的引导下具备正确的价值观和道德观念，学生将对社会产生积极的影响。学生的道德行为将构建和谐的社会关系，推动社会的公平正义，维护社会的稳定发展。道德教育还能培养学生的公民意识和社会责任感，使学生具备良好的社会道德素质，成为具有社会责任感的公民，为社会发展作出贡献。

(四)道德教育面临的问题与解决办法

社会价值观多元化使道德教育面临挑战。随着社会的发展,人们的价值观念趋于多样化,不同的文化背景、生活经历都对道德标准提出了不同的要求。在多元化背景下,道德教育如何统一传承并给予学生正确引导,成为亟待解决的问题。

学校层面的问题不容忽视。目前,一些高校在道德教育方面存在着内容单一、形式呆板的问题。传统的道德教育模式以灌输知识为主,缺乏以学生参与为基础的互动性教学方法。这种"一刀切"的方式不仅使学生对道德教育缺乏兴趣,还影响了道德教育的效果。

个体层面的问题值得重视。在高等教育中,学生的道德发展存在差异性,一部分学生对道德教育的需求和认同程度较低。这种现象可能与学生的个人经历、家庭背景及社会环境等因素有关,学校需要针对不同层次的学生制定差异化的道德教育策略。

针对道德教育面临的问题,可以采取多种解决办法。

首先,要深入学生的内心世界,根据学生的兴趣、需求和特点,设计富有活力和互动性的道德教育课程。通过在学生中开展讨论、小组活动和角色扮演等形式,激发学生参与道德思考和实践的积极性。

其次,学校可以借助现代科技手段,将道德教育融入学生的日常学习中。利用电子平台、在线课程等方式开展道德教育,使学生能够随时随地获取相关的道德知识和教育资源。学校应该加强对学生的个案辅导,提供心理健康支持和咨询服务,帮助学生解决道德困惑和矛盾,培养良好的道德品质。

最后,社会和家庭也要积极参与道德教育的过程。学校可以与社会团体、家长进行合作,开展各类道德教育活动。通过社会实践、志愿服务等形式,让学生体验道德行为的意义和价值。家长要在家庭教育中注意培养孩子的道德意识和道德行为,与学校形成良好的育人合力。

四、心理健康教育与生命教育

（一）心理健康教育的理论与实践

在高等教育中，心理健康教育的内容和方法需要经过理论的探索与实践的验证，满足学生心理健康需求的同时，提高教育效果。

1. 要建立在扎实的理论基础上

心理学、教育学、社会学等学科的理论研究为心理健康教育提供了理论支持和借鉴。学校应该注重与学科专家的合作与交流，将最新的理论成果融入课程设计和教学实践中。通过理论的指导，心理健康教育能够更准确地把握学生的心理需求，针对不同学生的心理特点和问题，量身定制教育方案，提供系统的心理健康教育支持。

2. 应注重实践的开展和实证研究的推进

只有将心理健康教育理论付诸实践，才能真正发挥其效果。学校可以通过开展心理健康教育课程、心理咨询服务、心理健康活动等方式，提供学生参与实践的机会。同时，要注重对实践的评估和研究，通过实证研究的推进，进一步提高心理健康教育的有效性和可操作性。

3. 要注意适应学生的心理发展特点

不同年级、不同阶段的学生心理发展水平不同，应该根据学生的心理特点进行合理的教育设计。例如，对于新生来说，他们正处于适应新环境、建立新的人际关系的过程中，可以开展适应性心理健康教育；而对于即将毕业的学生，可以开展就业指导和职业规划等方面的心理健康教育。总之，根据不同年级学生的需求和特点，量身定制心理健康教育计划，提供个性化的支持和指导。

(二)高等教育中的生命教育内容与方法

高等教育中的生命教育是培养学生对生命的尊重和珍视,培养学生对生命的理解和思考的重要途径。生命教育的内容和方法具有多样性和针对性,要根据不同层次和不同专业的学生需求,设计合适的教育环境和教学活动。

1. 对生命的基本认知和意义的介绍

学生需要了解生命的起源、演化和多样性,以及生命对人类和整个生态系统的重要性。这一部分的教育可以通过课堂授课、实验实践和科学考察等方式展开,让学生亲身体验和探索生命的奥秘。

2. 强调生命伦理和价值观的培养

学生需要了解生命的伦理原则和道德准则,了解生命的权利与尊严,以及保护和维护生命的责任。高等教育机构可以通过伦理讨论、案例分析和道德教育课程等方式,引导学生形成正确的生命观和价值观,培养学生的道德判断能力和责任感。

3. 注重培养学生的生命思考和创造能力

学生应该被鼓励思考生命的意义和目的,思考人类与自然的关系,思考自身在生命中的责任和使命。高等教育机构可以通过开设相关的哲学课程或研讨会,引导学生进行深度思考和思想交流,培养学生的哲学思维和批判性思维。

4. 注重实践和实践能力的培养

学生通过参与社会实践、义工活动、实习实训等方式,实践生命教育的理念和价值观。这些实践活动可以让学生感受到生命的珍贵和脆弱,增强学生的社会责任感和关怀他人的意识。通过实践,学生能够将理论知识应用到实际生活中,培养解决问题和创新思维的能力。

(三)心理健康教育与生命教育的结合与创新

在高等教育中,心理健康教育的目的是促进学生的心理健康发展,提高心理适应能力。生命教育则是通过培养学生对生命的尊重、对生命的认识和对自我生命意义的思考等方面,帮助学生树立正确的生命观。两者的结合与创新具有重要的意义。

心理健康教育与生命教育可以相互促进。在心理健康教育中,关注学生的情感、表达和应对能力,可以帮助学生处理生活中的压力和挫折,从而提高学生的生命满意度和幸福感。生命教育则强调对生命的尊重和理解,使学生更加关注并珍惜自己的生命,从而促进其心理健康。两者结合可以形成一种正向循环,提升学生整体的心理和生命素质。

心理健康教育与生命教育的创新,可以通过多样化的教学方法和内容来实现。在教学方法上,可以采用案例分析、小组讨论、角色扮演等互动性强的教学形式,激发学生的积极参与和思考。在教学内容上,可以引入一些生命故事和成功案例,激发学生对生命的热爱和追求,激发学生的创新思维和创造力。只有不断创新,才能更好地实现心理健康教育与生命教育的育人目标。

心理健康教育与生命教育的结合有助于培养学生的社会责任感和担当精神。通过关注个体的心理健康和生命意义问题,可以培养学生的公民意识和社会责任感,使学生更加关心他人、关注社会问题,并积极参与社会实践和公益活动。

第三章　高校中德育教学方法

第一节　传统德育教学方法

一、讲授法

讲授法作为一种传统的教学方法，在高校传统德育教学中具有重要的地位和作用。它通过教师的讲解、示范、演示等方式，向学生传授知识和技能，并帮助学生建立系统的知识体系和正确的思维方式。同时，它强调师生互动和学生参与，使教学更活跃、更有效果。对于培养学生的思维能力和实践能力都具有重要意义。因此，在高校传统德育教学中，要充分发挥讲授法的优势，合理运用讲授法来提高学生的综合素质和德育水平。

（一）讲授法的特点

1. 直接传授知识和信息的方式

直接传授知识和信息的教学方式通常是教师站在讲台上，对学生进行知识的讲解和传授。在这种教学模式下，教师拥有主要的话语权，学生是被动的接受者。这种方式的优势在于能够迅速有效地传递大量的知识内容，节省了时间和精力。然而，也正因为这种单向传授的方式，学生的参与度和积极性可能较低，容易产生被动学习的现象。

2. 掌握知识内容的系统性和完整性

教师通过讲授的方式，将知识内容按照逻辑顺序有条不紊地传达给学生，使学生能够全面了解和掌握该知识领域的基本概念、理论和原则。这有助于学生建立起对知识体系的整体把握，提高学习的深度和广度。然而，该特点的局限性也在于过分依赖教师的讲解，学生容易在记忆和机械学习上投入过多精力，而忽略了对知识的深入理解和应用能力的培养。

3. 有效的组织结构和教学策略

教师需要根据教学内容和学生的接受能力，设计清晰的课堂结构，将知识按照合理的顺序进行组织和呈现。此外，教师可以通过使用多媒体、实例、图表、案例等教学手段，增加教学的趣味性和生动性，激发学生的学习积极性和兴趣。这样的组织结构和教学策略可以有效引导学生的学习过程，提高教学效果。然而，在应用这种教学方法时，教师应当合理运用不同的教学策略，避免过度讲授和教师中心的倾向，以保证学生的主动学习和探究能力的培养。

（二）讲授法的分类

根据教学内容的类别，讲授法可以分为学科讲授法和综合讲授法。学科讲授法主要针对学科知识进行教学，以教师的专业知识为基础，通过讲解、示范、演示等方式，系统地向学生传授和解释学科知识。综合讲授法则着重于教育思想、人文素养等跨学科内容的传授。教师通过讲述相关的理论和案例，引导学生进行反思和思考，培养其综合素养。

根据讲授过程的性质，讲授法可以分为直接讲授法和间接讲授法。直接讲授法是指教师直接向学生传授知识，信息的流动相对单向。教师通过演讲、讲解、授课等方式，将知识和思想传授给学生。间接讲授法则强调学生自主学习和探究的过程。教师通过设计学习任务、提供学习资源、引导学生进行讨论和合作，激发学生的积极性和创造力。

根据教学目标的不同，讲授法可以分为基础性讲授法和创新性讲授法。基础性讲授法注重学科知识的传授和掌握，以培养学生的基本能力、知识储备为主要目标。教师通过系统地讲解和练习，培养学生的基础知识和技能。创新性讲授法则更加注重培养学生的创新思维和实践能力。教师通过引导学生进行问题解决、实验探究、项目设计等活动，培养学生的探究精神和创新意识。

(三)讲授法的实施

1.讲授法的实施步骤

第一步，明确教学目标。在开始教学之前，教师需要明确本堂课的教学目标。这些目标应该与课程大纲和学生的学习需求相一致。明确的教学目标有助于教师选取合适的教学内容和教学方法。

第二步，梳理知识框架。在进行课堂讲授之前，教师需要将相关的知识进行梳理和整理。这包括将知识分解成有机的模块，并确定它们之间的逻辑关系。梳理知识框架有助于教师清晰地安排教学内容。

第三步，设计教学活动。在课堂讲授过程中，教师需要设计一系列的教学活动，以引起学生的兴趣和参与。这些活动可以包括演讲、小组讨论、案例分析等。通过多样化的教学活动，教师可以帮助学生更好地理解和应用所学知识。

第四步，精心选择教学资源。在进行课堂讲授时，教师需要精心选择教学资源，包括教材、资料和多媒体工具等。这些资源应该与教学内容相匹配，并能够提供丰富的教学素材。通过合理利用教学资源，教师可以增强教学的多样性和趣味性。

第五步，合理组织课堂时间。在进行课堂讲授时，教师需要合理组织课堂时间，确保每个教学环节的安排得当。这包括控制教学进度、分配时间给学生进行自主学习和思考等。合理组织课堂时间可以提高教学效率，使学生能够在有限的时间内获得更多的知识。

第六步，巩固和评估学习成果。在课堂讲授结束后，教师需要对学生的学习成果进行巩固和评估。这可以借助布置作业、组织测验或进行课堂小结等方式来实现。巩固和评估学习成果有助于教师掌握学生的学习情况，及时调整教学策略和方法。

2. 讲授法的实施策略

(1)灵活运用教学方法

教师应根据具体的教学内容和学生的学习特点,选择合适的教学方法。例如,在讲述概念性知识时,可以采用讲授结合示范的方式,通过展示具体的案例或实例加深学生的理解。在讲解操作性知识时,可以采用问答、实验等亲身参与的方式,促使学生主动动手实践,提升学生的实际操作能力。

(2)合理安排课堂互动

在教学过程中,教师应充分利用课堂互动的方式,积极与学生进行交流和互动。可以通过提问、小组讨论、案例分析等形式,鼓励学生积极参与,激发学生的思考和探索欲望。这样能够增强学生的学习兴趣和动力,提高课堂效果。

(3)使用多媒体辅助教学

随着科技的发展,教师可以充分利用多媒体技术,如投影仪、电子白板等设备,辅助教学。通过展示图片、视频、动画等形式,可以生动直观地呈现教学内容,提高学生的理解和记忆效果。还可以利用网络资源,引用相关案例进行分析和讨论,丰富课堂教学内容。

(4)鼓励合作学习

教师可以将学生分成小组,组织合作学习活动。通过小组合作,学生可以相互交流和合作解决问题,促进彼此的学习和成长。教师在这一过程中要充当引导者的角色,及时给予指导和反馈,确保每个学生都能够参与到合作学习中,达到良好的学习效果。

3. 讲授法的实施效果评估

在讲授法的实施效果评估中,选择合适的评估指标是关键。可以考虑对知识掌握程度、学生学习兴趣、教学反馈等方面进行评估。对知识掌握程度的评估,可以采用考试成绩、作业质量等客观的量化指标,直接反映学生的学习情况。还可以通过问卷调查、教学观察等方式,了解学生对课堂内容的理解和兴趣程度,从而综合评估教学效果。在选择评估指标时,需要兼顾客观性和主观性,并考虑指标的可操作性和有效性。

在讲授法的实施效果评估中,选择适当的评估方法至关重要。一种常用的方法是定期进行课堂测试,即通过考试形式来评估学生对知识点的掌握情况。除此之外,还可以运用问卷调查、观察记录、小组讨论等方式,全面了解学生的学习情况和反馈意见。多种评估方法的综合运用,可有效获取学生在课堂教学中的实际表现和感受,从而更全面地评估讲授法的实施效果。

评估结果的应用对于改进教学方法和提升教学效果至关重要。根据评估结果,教师可以对教学方法进行反思和反馈,找出存在的问题和不足之处,并相应地调整和改进教学策略。同时,评估结果也可以在教学改革中提供参考和依据,为教育管理决策提供科学依据。评估结果的应用不仅能够提高教学质量,还有助于提升学生的学习动力和兴趣,更好地实现德育教育的目标。

二、案例分析法

案例分析法通过引入具体实际案例,以解决实际问题或探讨特定主题为目标,促使学生进行综合思考和分析,培养学生的问题解决能力和批判性思维能力。案例分析法注重学生的主动参与和自主学习,以案例为媒介,通过分析、评价和辩论案例中的问题与挑战,引导学生从多个角度思考问题,培养学生的创新能力和决策能力。

案例分析法是一种灵活多样的教学方法,根据具体的教学目标和内容,可以进行不同形式和难度的案例分析。案例分析法在各个学科和行业中都有广泛的应用,并取得了很好的教学效果。在管理学、法学、医学等专业领域,案例分析法已经成为教学的核心方法之一。案例分析法不仅能够提高学生的理论学习效果,还可以培养其实践操作能力和综合分析能力。然而,案例分析法也存在一些挑战和局限性,比如,需要大量的时间和精力投入、难以找到合适的案例等。因此,教师在使用案例分析法时需要根据具体情况进行灵活调整和设计。

(一)案例分析法的特点

案例分析法注重有效的知识传递和学习。通过分析实际案例,学生能够深入了解和掌握相关知识,从而更好地应用于实际问题解决中。

案例分析法强调学生的主动参与和思考。在案例分析的过程中,学生需要积极思考和分析,提出自己的见解和解决方案,培养了学生的独立思考能力和解决问题能力。

案例分析法注重实践与理论的结合。通过分析实际案例,学生能够将理论知识与实际问题相结合,理解知识的实际应用,并探索解决问题的途径和方法。

案例分析法以案例为基础,能够提供多样化的案例资源和情境,帮助学生更好地理解和应用知识。分析不同的案例,可以使学生从不同的角度和视角去思考问题,拓宽了学生的思维和视野。

案例分析法还具有灵活性和实用性。教师可以根据具体的教学目标和学生的需求,选择不同的案例进行分析和讨论。案例可以是真实的实践案例,也可以是虚拟的情景案例,从而使教学更加贴近实际应用。在案例分析的过程中,教师可以引导学生通过讨论、辩论、小组合作等方式,培养学生的团队协作精神和人际交往能力。

(二)案例分析法的分类

从案例来源来看,案例分析法可以分为内部案例和外部案例。内部案例是指由教师自己设计或从学生实际生活中提取的案例,其优点在于能够与课程内容紧密结合,具有较高的针对性和实用性。外部案例是从实际工作场景、真实案例库或专业综合素材库中选取的案例,可以帮助学生了解真实问题,并从中找到解决问题的方法和策略。

从案例类型来看,案例分析法可以分为个案分析和群体案例分析。个案分析是对单个案例进行深入研究和分析,旨在培养学生分析和解决问题的能力。群体案例分析则是对多个案例进行比较和归纳,旨在培养学生的综合分析和综合判断能力。个案分析适用于教学中较为复杂的问题,而群体案例分析适用于问题比较明确、具有普适性的情况。

从案例难度来看,案例分析法可以分为简单案例和复杂案例。简单案例是指问题较为明确、解决路径较为直接的案例,适用于初学者的学习和理解。复杂案例则是指问题复杂、解决路径不唯一的案例,适用于进阶学习和综合运用知识的环节。通过分析复杂案例,学生可以拓展思维,培养综合分析和判断能力。

(三)案例分析法的优缺点分析

1. 优点

案例分析法能够激发学生的学习兴趣,增强学生的主动性和积极性。引导学生参与案例分析,可以使学生积极思考、深入思索问题,从而激发出对学习的热情和动力。这种积极参与的学习方式能够促使学生主动探究问题,并培养学生的批判性思维能力。

案例分析法有助于培养学生的分析和解决问题的能力。通过分析实际问题和案例,学生能够学会运用所学知识和理论来思考和解决问题。案例分析法能够锻炼学生的分析思维和逻辑推理能力,培养学生的问题解决能力和实践能力。通过案例分析,学生还能够感受和理解实际问题的复杂性和多样性,提高其判断力和决策能力。

案例分析法能够促进学生之间的交流和合作。通过讨论案例,学生可以分享自己的观点和意见,与同学进行交流和互动。这种合作学习的方式有助于培养学生的团队合作精神和沟通能力,提高学生的合作与协作能力。同时,学生之间的互动和交流也能够扩宽其视野,从不同的角度思考问题,拓宽思维广度。

案例分析法还能够提高学生的实践能力和应用能力。通过分析真实案例,学生能够将理论知识应用到实际问题中,学会将理论与实践相结合。这种实践性的学习方式有助于学生将所学知识应用到实际情境中,提高其实际操作能力和实际解决问题的能力。

2. 缺点

案例分析法在实施过程中较为复杂,需要教师精心选择和准备案例,加之对案例的剖析和讨论需要较长的时间,使教学进程较为缓慢。这对课堂时间的合理利用提出了挑战。

由于案例分析法注重学生的参与和互动,教师的角色从传统的知识传授者转变为引导者和组织者,这对教师的教学能力和经验提出了更高的要求。教师需要掌握一定的案例分析技巧,能够灵活运用不同类型的案例,使学生能够充分参与到案例分析中。然而,由于教师在案例分析教学中存在一定的局限性,如教师对案例本身的理解程度、教师的教学水平等因素,可能导致案例的解读和引导存在一定的主观性和片面性。

案例分析法在教学过程中也容易产生信息过载的问题,即学生可能会因为案例的复杂性和广度而感到迷茫和困惑,从而影响其学习效果。

3. 改进策略

提前对案例进行筛选和准备。以往的案例分析教学常常引用已经发表的案例,但这种做法存在着一定的局限性。可以考虑引入更多实际发生的案例,如学生身边的真实案例,或者与学科相关的最新研究成果。这样的案例更具时效性和亲身性,可以激发学生的兴趣和思考。

借助现代技术手段,提升案例分析的多媒体展示效果。利用多媒体技术,能够将案例中的相关信息以图表、图片、视频等形式呈现给学生,使学生能够更加直观、深入地了解案例的背景和细节。这样不仅可以增加学生的参与度,还能够更好地培养学生的信息获取和分析能力。

鼓励学生在案例分析中展开讨论和互动。在课堂上,教师可以引导学生围绕案例展开小组讨论或者辩论,通过交流和碰撞观点,促使学生更加深入地思考问题。教师可以扮演引导者和促进者的角色,激发学生的思维活力,提高其分析思维和创新能力。

引入跨学科的案例分析，扩宽学生的知识面和视野。通过涉及不同学科领域的案例，能够培养学生的综合思维和跨学科的能力，帮助学生形成系统性的思维方式。

鼓励学生在案例分析中进行自主学习和探索。教师应该积极引导学生，让学生自主选择和分析案例，寻找问题的解决方案。在案例分析的过程中，学生应该学会利用各种学科知识，进行信息的收集、整理和分析。这样不仅能够增强学生的学习兴趣，还能够培养学生的自主学习能力。

三、角色扮演法

角色扮演法是通过让学生扮演特定角色，在真实或虚拟的情境中模拟和演练特定情况，以达到教育和培养学生能力的目的。这种方法最初是为了培养学生的表演和表达能力而发展起来的。

（一）角色扮演法在德育教学中的作用

角色扮演法能够提供一个身临其境的环境，使学生能够更好地理解和感受德育教育中的道德理念。通过扮演不同的角色，学生可以深入了解不同角色在不同情境下的思考方式和行为准则。例如，在角色扮演中，学生可以扮演一个决策者的角色，亲身体验到决策的压力和责任，从而更好地认识到决策时需要考虑的道德因素。

角色扮演法能够培养学生的创造力和批判性思维能力。在角色扮演过程中，学生需要根据所扮演角色的特点和情境来构建自己的对话和行为。这要求学生具备创造性的想象力和批判性的思维能力，能够思考别人的观点并提出合理的反驳和解决方案。通过这样的训练，学生能够培养自己的思辨能力和解决问题的能力。

角色扮演法能够提高学生的人际交往能力和团队合作能力。在角色扮演过程中，学生需要与其他扮演角色的同学进行互动和沟通，协调各自的观点和行为，达成共识。这对学生来说是一个良好的锻炼机会，能够培养学生良好的沟通能力和团队合作精神。角色扮演法也能够培养学生的应变能力和解决冲突的能力,使其能够更好地应对复杂的人际关系和团队合作中的问题。

(二)角色扮演法的优点与局限性

角色扮演法作为一种在德育教学中广泛应用的教学方法,具有许多优点。首先,角色扮演法能够激发学生的参与积极性,帮助学生更好地理解和接受传统德育教育的内容。通过扮演不同角色,学生可以身临其境地体验和感受相应的道德情境,从而更好地理解道德价值观念。其次,角色扮演法可以激发学生的创造力和想象力,促进学生的自主学习和思考能力的发展。通过扮演不同的角色,学生有机会展示自己的想法和观点,从而培养学生的表达能力和思维能力。再次,角色扮演法还能够培养学生的合作意识和团队精神,通过与其他学生互动和交流,学生能够深入理解和分析道德问题,培养学生的团队协作能力。

角色扮演法也存在一定的局限性。角色扮演法可能存在学生参与度不高或角色刻画不到位的问题。由于每个学生的接受程度和表达能力不同,有些学生可能参与度较低,影响教学效果。一些学生在扮演角色时可能难以真正理解和代入所扮演的角色,导致角色刻画不到位,影响了道德教育的实施效果。角色扮演法可能存在时间和资源的限制。对于某些学校来说,角色扮演法需要较多的时间和资源来筹备和实施,如准备角色扮演的道具、布置场景等,这对一些学校可能存在一定的困难和限制。

(三)角色扮演法的实施

1. 实施步骤

(1)确定角色扮演的主题和目标

在确定角色扮演的主题时,应该根据德育教学的具体需求和目标进行选择,以确保角色扮演能够打破学生的思维局限并引发其主动思考。例如,可以选择一些与学生生活息息相关的情境,如班级纪律、团队合作等。同时,还需要明确角色扮演的目标,即希望通过角色扮演达到何种教育效果。

(2)分配角色和任务

在角色扮演开始之前,需要将学生分成不同的小组,并为每个学生分配一个具体的角色。这样做是为了使学生有针对性地扮演特定的角色,从而更好地理解和探究道德行为。同时,为每个角色设定具体的任务,以推动学生在扮演的过程中积极互动、思考和学习。

(3)制定角色扮演的情境和规则

在进行角色扮演之前,需要制定角色扮演的情境和规则,并向学生进行详细的解释和说明。例如,可以设置一个班级纪律情境,要求学生在角色扮演中模拟不同的情境并探讨合理的纪律要求和行为规范。此外,还需确保角色扮演的情境具有一定的真实性和丰富性,以激发学生的情感参与和思考。

(4)进行角色扮演和反思总结

在角色扮演的过程中,教师应充当引导者的角色,适时提出问题、引导学生思考,并注意学生的表现和交流情况。角色扮演结束后,需要进行反思和总结,让学生能够对所扮演的角色和出现的情境进行深入的思考和分析,从而得到对道德行为的深入理解。

2. 注意事项

(1)提前准备和安排角色扮演活动

教师应提前设计好角色扮演的情景和角色分配,并为学生准备所需的材料和道具。确保角色扮演的任务明确,并制订清晰的时间安排和行动指导。

(2)督促学生深入角色

角色扮演的关键在于学生能够真实地扮演所分配的角色,体验和理解角色在特定情境下的思想、感受和行为。教师需要督促学生在角色中全情投入,避免演变成表面化的行为。

(3)设定合理的角色互动和沟通机制

角色扮演活动要求学生相互之间进行角色互动和沟通,教师应设定合理的角色互动机制,如规定每个角色的发言次数或时间限制,以保证每个学生都有机会表达观点和听取他人意见。

(4)给予及时的反馈和指导

教师应在角色扮演活动结束后及时给予学生反馈和指导,帮助学生分析和评价自己扮演的角色。教师可以通过小组讨论或个别面谈的方式,鼓励学生自我反思和改进。

(5)保持活动的秩序和安全

角色扮演活动可能带来一定的紧张和激情,因此教师需要严格管理,确保活动的秩序和安全。教师可以制定一些规则和行为准则,如禁止使用歧视性语言、遵守场地秩序等,以保证活动的顺利进行。

(6)结合理论知识和实践应用

角色扮演法作为一种德育教学方法,应与理论知识相结合。教师可以在角色扮演活动中引导学生思考和探讨相关道德理念和价值观,加深对德育教学的理解和应用。

四、讨论法

讨论法主要是指通过集体或小组的方式,让学生进行讨论、交流,从而达到深入思考和共同学习的目的。

讨论法作为一种教学方法,其特点是强调学生的参与性和互动性。相比于传统的教师讲解,讨论法更加注重学生思考和表达。在德育教学中,讨论法可以激发学生的兴趣和积极性,培养学生自主学习和合作学习的能力。通过讨论,学生可以交流不同的观点、意见和经验,从而拓宽思维,提高思考能力和批判性思维。此外,讨论法还可以帮助学生培养良好的沟通能力和团队合作精神,增强学生的社交能力和解决问题的能力。

(一)讨论法的优点与局限性

讨论法能够激发学生的学习兴趣和参与度。相对于传统的教师讲授模式,讨论法使学生成为学习的主体,学生可以通过参与讨论,发表自己的意见和观点,充分展示自己的思考和理解。这样的参与感,能够激发学生的学习兴趣,增加学生对学科知识的投入和探索。

讨论法有利于培养学生的合作精神和团队意识。在讨论过程中,学生需要相互交流和合作,共同寻找问题的解决方案。通过与他人的互动,学生能够学会倾听、尊重他人的观点,并在团队中发挥自己的作用。这种合作精神的培养不仅能够改善班级氛围,还对学生未来的社交和职业发展具有积极的影响。

讨论法还有助于培养学生的思辨能力和批判思维。通过参与讨论,学生需要分析问题、辨别信息、评估观点,从而培养出批判性思维的能力。学生能够学会提出有针对性的问题,针对他人提出的观点进行辩驳,互相启发和促进,从而提升自己的思考水平和论辩能力。

讨论法存在一些局限性。首先,讨论过程可能出现一些学生参与不积极的情况。有些学生可能因为内向或者缺乏自信不敢发表自己的意见,导致讨论的效果不尽如人意。其次,讨论需要一定的时间和组织,如果时间安排不合理或者讨论组织不善,可能会导致讨论过程混乱或者浪费时间。最后,讨论的结果和质量很大程度上依赖于学生的基础知识和素养水平,如果学生缺乏充分的准备或者理解能力,讨论结果可能不够理性和深入。

(二)讨论法的实施

1. 实施步骤

(1)确定讨论的主题和目标

在开始讨论之前,教师需要明确讨论的主题和目标,确保讨论的内容与教学目标紧密相关。这可以通过制订明确的问题或者任务来实现,以引导学生进行讨论。

（2）组织学生小组

根据讨论主题和目标，将学生分成小组。每个小组应该由具有多样性的成员组成，以便在讨论中获得不同的观点和想法。教师可以根据学生的兴趣、能力和经验进行适当的分组，以促进有效的讨论。

（3）引导讨论的开展

在让学生进行自由讨论之前，教师可以提供一些必要的背景知识或概念解释，以便学生更好地理解讨论内容。教师应该充当引导者的角色，鼓励学生提出问题、分享观点，并引导学生深入思考和讨论。教师还应该提供适当的引导性问题，以激发学生的思考和讨论。

（4）促进学生参与

教师应该积极促进学生的参与，鼓励学生积极提出问题、表达观点，并对其他成员的观点提出疑问。教师可以采用多种方式，如轮流发言、小组报告、角色扮演等，鼓励学生积极参与。

（5）总结和评价

讨论结束后，教师应该及时总结讨论的要点和结论，并对学生的表现进行评价和反馈。这有助于巩固学生的学习成果，并为下一次讨论提供指导。

2. 实施策略

（1）明确目标和准备充分

教师在设计讨论活动时，应明确讨论的议题或问题，并进行必要的前期准备工作。例如，预先收集相关资料、案例或文献，提前了解学生的背景和水平，并准备好相应的教具或辅助材料。只有充分准备，才能确保讨论的顺利进行。

（2）选择适当的讨论组织形式和环境条件

讨论可以以小组形式进行，让学生在小组内交流和讨论，分享自己的观点和见解。可以选择开放式讨论、辩论或问题解决讨论等不同形式来激发学生的思考和参与度。创造良好的环境条件，如宽敞明亮的教室、舒适的座位等，有利于学生更好地展开讨论。

(3)激发学生的兴趣和参与度

教师可以通过引入个人经历、真实案例、贴近学生生活的话题等方式来吸收学生的兴趣,并积极鼓励学生发表观点。教师还可以采用多样化的交流方式,如小组讨论、角色扮演、游戏等,以增加学生的互动和参与度。

(4)及时反馈和总结讨论的成果

在讨论结束后,教师应及时对学生的观点和讨论结果进行梳理和总结,给予必要的反馈和指导。通过反馈,学生可以了解到自己的不足之处并加以改进,同时也可以对整个讨论过程进行评估和调整,以提高讨论的质量和效果。

第二节　现代德育教学方法

一、体验式教学法

(一)体验式教学法的定义

体验式教学法是一种注重学生主体性参与、通过亲身经历和实践活动来获得知识和理解的教学方法。它将学习过程设计为一种积极的、主动的、参与的过程,让学生自己去探索问题、思考和解决问题,促进学生对所学内容的理解和应用能力的提升。

在体验式教学法中,教师不再是传统的知识传授者,而是引导者和促进者。教师通过创造适合学生的情境和环境,激发学生的学习兴趣和学习动力。学生通过亲自实践、观察、体验等方式,积极参与到学习中,从中获得知识和经验。通过体验式教学法,学生不再是被动接受知识,而是主动参与,探究和发现问题,培养了学生的自主学习能力和创新思维。

(二)体验式教学法的特点

1. 注重学生的情感体验

在课堂中,教师设计了一系列具有情感冲击力的活动,通过这些活动激发学生的情感体验,使学生更加深入地理解所学知识。通过亲身经历和情感体验,学生能够更加深刻地理解和记忆知识,从而增强学习效果。例如,在德育课程中,学生可以通过参与社会实践活动、志愿服务活动等感受社会责任和个人价值。

2. 注重学生的参与与合作

教师通过组织学生参与各种合作活动,鼓励学生发表观点、交流经验、合作解决问题。这种合作学习模式能够培养学生的团队意识和合作精神,激发学生主动学习的兴趣,提高学习效果。

3. 注重学生的实践探索

在课堂上,教师通过设计实践活动,如角色扮演、案例分析、情景模拟等,让学生亲身参与其中,通过实践探索和发现问题。实践性的学习能够增强学生的动手能力和问题解决能力,培养学生的创新思维和实践能力,使学生能够更好地应对社会的挑战。

4. 注重学生的反思和评价

在学习过程中,学生不仅要进行实践活动,还要进行反思和总结。教师可以引导学生进行个人或小组的自我评价和互评,通过这种方式培养学生的自我认知和学习能力。学生通过反思和评价,能够更好地发现自己的不足及改进的方向,进一步提高学习效果。

(三)体验式教学法在德育教学中的作用

1. 激发学生的兴趣

在传统的德育教学中,学生只是被动地接受道德观念的灌输,容易产生抵触情绪。而体验式教学法则通过情境的设置和活动的设计,使学生能够亲身参与其中,积极感知和体验道德规范与价值理念的重要性。这种主动参与的学习方式,能够激发学生的兴趣,让学生更加主动地参与到德育教学中来。

2. 强化学生的行为意识

传统的德育教学注重理论知识的灌输,忽略了学生自主行为的培养。而体验式教学法则通过情景模拟和角色扮演等活动,促使学生在真实的情境中感受到道德行为的重要性,并让学生主动参与到道德行为的实践中。在这个过程中,学生会逐渐形成自主行为的习惯,加强了行为意识的培养。

3. 发展学生的合作精神

在体验式教学中,学生通常需要与他人合作,共同解决问题。这种合作过程既能够培养学生的团队意识和协作能力,又能够让学生理解体验到集体利益和公共道德的重要性。通过合作,学生能够深入理解道德行为的社会性质,激发学生对集体责任的意识,进一步培养合作精神。

(四)体验式教学法在高校德育教育中的实施

1. 实施过程

体验式教学法的实施过程是通过打造具有互动性和参与性的学习环境,培养学生的实践能力和创造力。在高校德育教育中,采用体验式教学法可以帮助学生深入理解掌握道德原则和价值观,提高学生的道德修养和综合素质。

在实施体验式教学法时，教师需要提前准备好相应的教学资源和活动材料。这些资源可以包括案例分析、角色扮演、情景模拟等，旨在激发学生的兴趣和参与度。例如，在道德教育中，教师可以为学生提供一些道德困境案例，让学生通过分析讨论寻找解决问题的道德准则和方法。

教师需要引导学生积极参与到体验式教学活动中。通过小组合作、个人表现、实地考察等方式，学生可以全面了解和感受道德行为的影响和意义。例如，在进行角色扮演活动时，教师可以指导学生扮演不同的角色，通过互动交流的方式体验不同的道德冲突和纠纷，从而培养学生的道德判断和决策能力。

教师需要及时给予学生反馈和指导。在体验式教学过程中，学生可能会面临各种挑战和困惑。教师可以通过观察和倾听学生的表现，及时提供反馈和建议，帮助学生解决问题和改进行为。教师还应该鼓励学生积极参与，并给予适当的奖励和激励，以增强学生的自信心和动力。

在实施体验式教学法的过程中，教师需要与学生共同总结和评估学习效果。通过学生的参与和反馈，教师可以了解到学生对道德教育的理解和态度的变化。在评估学习效果时，教师可以采用问卷调查、小组讨论等方式，评估学生在道德判断、行为决策等方面的发展程度，并根据评估结果进行相应的调整和改进。

2. 效果评估

运用量化的指标。通过设计合适的问卷调查、测试和测评工具，可以定量地测量学生在体验式教学法下的学习成果和掌握程度。例如，可以利用作业成绩、课堂表现得分等客观指标，来评估学生在体验式教学过程中的学习效果。也可以利用学生反馈的调查问卷来了解学生对体验式教学法的主观感受和意见，从而全面评估其效果。

运用质性的方法。通过观察学生在体验式教学过程中的行为表现、交流互动和思维品质等方面的变化，可以深入了解其对于德育目标的实际影响。例如，可以进行学生访谈，从学生口中获取他们在体验式教学中的收获和成长。可以开展焦点小组讨论，让学生自由表达对于体验式教学法的看法和建议。这些质性的数据可以提供更加细致的评估结果，为教育者提供决策参考。

通过与其他教育方法进行对比。将体验式教学法与传统教学方法进行比较，可以分析其在培养学生综合能力、激发学习兴趣等方面的优劣。例如，可以对比体验式教学法和传统教学法在学生自主学习能力、批判思维能力等方面的差异。这样的对比分析可以揭示体验式教学法在德育教育中的独特价值和优势。

二、情景模拟教学法

(一)情景模拟教学法的定义

情景模拟教学法通过创造真实的或模拟的情境，使学生在特定的情景中能够积极参与，体验和应用所学知识和技能。它与传统的课堂教学相比，更强调学生的实践操作和问题解决能力的培养。情景模拟教学法通过让学生面对真实或近似真实的情形，刺激学生的思维，引发学生的学习兴趣与动机，达到直接参与、亲身感受的效果。

(二)情景模拟教学法的特点

1. 注重培养学生的综合能力

在情景模拟中，学生不仅需要运用已有的知识和技能，还需要运用创造性思维和解决问题的能力。学生需要结合所学知识，积极思考，寻找解决问题的途径，并在实践中不断探索和总结。这可以使学生的综合能力得到全面提升。

2. 注重学生的个体差异

每个学生在情景模拟中扮演不同的角色，从而能够发挥自身特长和优势。不同的角色需要不同的技能和知识，学生在扮演角色的过程中，能够更好地发展自己的个性,培养自己的专长。

3. 具有很强的可操作性

通过设计情境、设置具体的任务和情节,学生能够参与到情景模拟中,有目标地去解决问题,实现自己的目标。教师可以通过调整情境设定、问题难度等方式,使情景模拟教学更加符合学生的需求,进而提高教学效果。

(三)情景模拟教学法在德育教学中的作用

1. 能够激发学生的学习兴趣和参与度

德育教育往往强调情感体验和情感认知的培养,而情景模拟教学法正是通过创造真实的情境来激发学生的情感体验。例如,在德育教学中模拟一个典型的价值冲突场景,学生可以扮演不同的角色,亲身感受和体验不同的道德决策所带来的后果。这使学生可以深入思考和理解道德选择的意义和影响,从而加深对德育教育内容的理解。

2. 有助于培养学生的综合能力

在情景模拟中,学生需要运用各种学科知识和技能来解决问题和做出决策。这种跨学科的综合运用,能够让学生在实践中不断提升自己的学习能力和问题解决能力。例如,在一个情景模拟的德育教学中,学生需要运用道德理论知识、人际沟通技巧及团队协作能力来解决一个道德问题。这使学生可以在实践中提升自己的综合能力,更好地应对现实生活中的道德挑战。

3. 能够促进学生的个性发展和价值观形成

情景模拟教学法强调学生的主体地位,注重学生个体的体验和情感表达。通过情景模拟中的角色扮演和反思,学生可以逐渐形成自己的人生观、世界观和价值观。例如,在一个情景模拟中,学生扮演一个要面对道德抉择的主角,通过内心的挣扎和反思,学生有机会审视自己的价值观和道德准则,并逐渐形成独立和具有责任感的个性。

(四)情景模拟教学法在高校德育教育中的实施

1. 实施过程

第一,确定学习目标和情境。在实施情景模拟教学法时,首先需要明确学习目标,确定要达到的预期效果。需要选择适合的情境进行模拟。这个情境可以是真实的案例、场景或者是虚构的情景,目的是让学生能够感受到真实的环境和挑战。

第二,设计情景模拟活动。在实施情景模拟教学法时,需要精心设计情景模拟活动。这包括确定情景的设置、角色扮演、问题提出等。通过设置情境背景和角色扮演,可以使学生融入情境中,增加情境的真实性和可感受性。通过提出问题,可以引导学生主动思考和解决问题。

第三,组织学生参与。在实施情景模拟教学法时,需要组织学生积极参与到活动中。可以采用小组合作的方式,让学生共同讨论和解决问题,也可以通过角色扮演的方式,让学生扮演不同的角色,从不同的角度思考问题。这种学生参与的方式可以增加学生的主动性和参与度,提高学习效果。

第四,引导学生反思总结。在实施情景模拟教学法后,需要引导学生进行反思总结。可以通过讨论、写作等方式,让学生回顾情景模拟的过程,总结自己的体会和收获。需要引导学生将学到的知识和经验与实际应用联系起来,形成对德育教育的理解和应用能力的提升。

2. 效果评估

通过真实的情景模拟,该教学法旨在培养学生的综合素养和实际应用能力。要对情景模拟教学法在高校中德育教育的实施效果进行评估,以确保该教学法的有效性和可行性。

情景模拟教学法的实施能够促进学生的情感体验和参与度。通过将学生置于真实的情境中,学生能够更好地感受到身处其中的情感,从而更加投入学习过程。这种情感参与度可以大大促进学生对德育教育内容的理解和认同,增强他们的情感与责任意识。

情景模拟教学法的实施能够提升学生解决问题的能力和创新思维。在情景模拟教学过程中,学生通过分析和解决情境中的问题,这种培养方式可以更好地培养学生的创新精神及团队合作能力,并为他们今后面对复杂问题时提供强有力的应对方式。

情景模拟教学法的实施对于学生实践能力和应用能力的培养具有积极意义。利用与真实情境的接触,学生可以在实践中掌握理论知识的运用和应用。在情景模拟教学中,学生不仅要解决问题,还需要将所学的知识有机地应用于实际情境中,并通过实践验证其有效性。这种实践能力的培养有助于学生更好地适应社会和职场的需求。

情景模拟教学法的实施还能够提高学生的自主学习能力和自我管理能力。在情景模拟教学中,学生需要主动参与、自我调整和评估。他们需要借助观察和体验获取知识,通过自主学习和自我管理来解决问题。这种培养方式可以激发学生的主动性和自主性,提高他们的学习动力和学习效果。

三、翻转课堂法

(一)翻转课堂法的特性

1.自主学习特性

自主学习的特性之一是学生在翻转课堂中扮演更为积极的角色。他们负责自己的学习进程,有更多的自由度选择学习的方式和节奏。在课堂上,借助教师、同学的指导和讨论,更好地理解和应用知识。这种自主学习的方式激发了学生的学习兴趣和动力,增强了他们的学习能力。

自主学习的另一个特性是学生在翻转课堂中需要培养自主学习的能力。他们需要学习如何规划和管理自己的学习时间,如何有效地利用各种学习资源和工具。自主学习能力的培养不仅有助于他们在课堂中更好地学习,还能够为他们日后的学习和工作提供有力的支持。

2. 教师角色转变特性

传统上,教师扮演着知识的传授者和权威的角色。然而,在翻转课堂法中,教师的角色变得更加开放和富有引导性。他们不再是单纯的知识传授者,而是学习的引导者和促进者。

教师在翻转课堂中担任着设计者的角色。他们需要精心设计学生在家中进行的学习任务,确保学生能够充分理解课程内容。教师需要选择并提供适当的学习资源,如视频讲座、阅读材料或学习指南,以帮助学生完成预习任务。

教师在翻转课堂中扮演着解答者的角色。由于学生在家中已经预习了课程内容,他们可能会遇到一些问题或困惑。教师利用课堂时间解答学生的疑问,提供进一步的解释和指导。这种角色转变意味着教师需要更好地了解学生的学习需求,并提供个性化的帮助和支持。

教师在翻转课堂中担任着协调者的角色。课堂上,学生往往会分组进行合作学习或讨论活动。教师需要指导学生如何有效地合作,促进团队合作和协作技能的发展。教师还需要监督课堂活动的进展,确保每个小组都能充分参与学习。

教师在翻转课堂中还扮演着评估者的角色。不再仅依赖传统的考试和测验,教师需要采用多种形式的评估方法来评价学生的学习成果。这包括观察学生在课堂活动中的表现、评估小组合作的效果及收集学生的作品和项目成果等。综合评价学生的能力,教师可以更全面地了解学生的学习情况并提供有针对性的反馈。

3. 学生参与度提升特性

在传统的教学模式中,学生往往是被动接受知识的对象,纯粹依靠教师的讲解和演示来获得学习内容。而在翻转课堂中,学生的参与度得到了极大的提升。

翻转课堂法鼓励学生主动探究和学习,激发了学生的求知欲和兴趣。在课前,学生通过预习相关知识,获得背景信息和基础概念。在课堂上,学生不再只是听讲和笔记,而是积极地参与各种互动和讨论。他们可以提出问题、分享观点及进行小组合作等,从而深入理解和应用所学知识。

翻转课堂法注重培养学生的自主学习能力和批判性思维能力。在进行自主学习时,学生需要从大量资源中筛选、分析和整合信息,选择适合自己的学习路径。在课堂上,教师则充当导师和指导者的角色,帮助学生解答问题、澄清疑惑,引导学生深入思考和进行批判性分析。学生在这个过程中不仅可以获得知识,还可以培养创新思维和解决问题的能力。

翻转课堂法提供了形式多样的学习机会和活动。在传统课堂中,教学内容通常以简短的讲解为主,学生的参与度比较低。而在翻转课堂中,学生可以利用观看教学视频、参与小组讨论、进行实验或案例分析等学习方式来深化学习。这种多样性的学习机会和活动不仅能够满足学生的不同学习需求,还能够激发学生的学习兴趣和动力。

(二)翻转课堂法在高校德育教育中的实施

1. 翻转课堂法的实施过程

(1)准备学习资源

教师在翻转课堂的实施过程中,需要根据学生的学习需求和课程要求,准备相关的学习资源。这些学习资源可以是视频教学材料、电子书籍及在线课程等。通过提供多样化的学习资源,旨在激发学生的学习兴趣,提高主动学习的积极性。

(2)学习资源的预习

在传统课堂中,教师在课堂上讲解知识点,学生在家里完成作业。而在翻转课堂中,学生则需要在课前通过阅读相关学习资源进行预习。通过预习,学生可以提前了解知识内容，主动思考问题，并准备相关问题以便在课堂上进行进一步的讨论和解答。

(3)课堂互动

在传统课堂中，教师主导并控制课堂的教学过程。而在翻转课堂中，教师的角色变为引导者和促进者，学生成为主动参与者。在课堂上，学生根据预习内容和问题，与教师和其他同学进行互动，分享自己的思考和观点。互动学习可以扩展学生的思维，提高解决问题的能力。

(4)知识总结与巩固

在课堂结束后，教师应当对学生课堂上的学习进行总结，并提供相关的巩固练习或任务。在知识总结和巩固中，学生可以加深对知识的理解和应用，巩固所学内容。

2. 翻转课堂法的效果评估

(1)评估学生成绩的提升情况

通过与传统课堂教学方法相比较，可以看到翻转课堂法在提高学生学习成绩方面的潜力。翻转课堂法注重学生的主动参与和自主学习，借助预习和自主探究，学生能够更好地理解和消化所学内容。因此，我们可以比较学生在翻转课堂与传统课堂教学中的成绩表现，也可以评估翻转课堂法在提升学生成绩方面的效果。

(2)评估学生的学习兴趣和参与度

翻转课堂法强调学生的主动学习，鼓励学生积极参与讨论和互动。相比于被动接受知识的传统教学方式，翻转课堂法能够提高学生对学习的积极性和兴趣。通过问卷调查、观察课堂氛围等方式，评估学生在翻转课堂下的学习兴趣和参与度，并与传统教学方式进行对比分析，以评估翻转课堂法在激发学生学习积极性方面的效果。

(3)评估学生的综合能力提升情况

翻转课堂法注重培养学生的批判思维、解决问题的能力及团队协作和沟通能力。通过课前预习、课堂互动、小组合作等形式，学生能够更好地锻炼和发展这些能力。通过观察学生在翻转课堂下的表现以及相关作业和项目的评估，来评估翻转课堂法在提升学生综合能力方面的效果。

(4)注意翻转课堂法面临的挑战和限制

由于翻转课堂法要求学生在课前进行预习和准备，对学生的自主学习能力和时间管理能力提出了更高的要求。一些学生可能会面临学习负担过重、时间管理不当等问题，从而影响翻转课堂法的实施效果。因此，在评估翻转课堂法的效果时，也要综合考虑学生的接受程度以及可能存在的挑战和限制。

四、项目式教学法

(一)项目式教学法的特点

1.问题导向特性

问题导向特性促使学生主动思考。在项目式教学中，教师可以提出一个具体的问题，鼓励学生进行深入思考和探索。学生需要自己寻找和整理相关的信息，进行分析和归纳，进而提出解决问题的方法和策略。这种自主学习和思考的过程培养了学生的批判性思维和解决问题的能力。

问题导向特性培养了学生的合作精神。在项目式教学中，学生通常需要组成小组来共同完成一个项目。在解决问题的过程中，学生需要相互合作，共同研究、讨论和实践。通过合作学习，学生学会了团队合作、协作沟通及相互支持。这不仅增强了学生的社交能力，还培养了他们的团队合作精神和领导才能。

问题导向特性创设了真实的学习情境。在项目式教学中，学生需要将知识运用到实际问题中。他们可以选择一个具体的话题或情境，然后利用所学的知识技能进行研究和实践。借助与实际问题的接触，学生能够更好地理解知识的实用性和应用场景,从而激发学习的兴趣和动力。

问题导向特性培养了学生的创新能力。在项目式教学中,学生需要面对复杂的问题和挑战,需要通过创新思维来寻找全新的解决方案。问题导向的教学方法鼓励学生大胆尝试,勇于创新,培养了他们的创造力和创新精神。学生在解决问题的过程中,不断尝试、反思和改进,从而不断提升自己的创新能力。

2. 跨学科整合特性

跨学科整合特性使学生在项目学习过程中不再被束缚于单一学科的框架,并能够在解决实际问题的过程中掌握多科目的知识和技能。例如,在设计一个城市可持续发展项目的过程中,学生需要了解地理资源、环境保护、经济发展等学科的相关知识,并将其应用于实际情境中。利用跨学科整合,学生能够体验到各学科之间的联系与互动,拓宽了知识的广度和深度。

通过项目式教学法的跨学科整合特性,学生的学习也更具有实践性和综合性。将多个学科的知识进行整合,进行实际问题的解决,从而培养了他们的综合思考能力和解决问题的能力。另外,通过跨学科整合,还可以培养学生的创新和合作精神。在项目学习的过程中,学生需要合作解决问题,分享和交流各自领域的知识和技能,培养了团队合作和协作的能力。

3. 实践操作特性

实践操作特性体现在学生经常接触和应用真实的问题与情境中。项目式教学法注重培养学生解决实际问题的能力。因此在教学过程中,学生常常面对实际的挑战和情境,需要运用所学的理论和知识,从理论到实践的衔接能力也得到了充分的锻炼。

实践操作特性表现在学生需要积极参与到项目实践活动中。项目式教学法强调学生的主动性和参与度,学生不是被动地接受知识的传授,而是主动地参与到项目中,动手实践,合作解决问题。在实践操作中,学生的自主学习意识和能力得到了提升，也培养了学生的创新思维。

实践操作特性还体现在项目式教学法强调学生的实践经验和实际操作的重要性。借助实践操作，学生能够更加深入地理解和应用所学知识，将理论与实践相结合，提高了学生的综合素质和实际应用能力。在实践操作过程中，学生会面临各种挑战和困难，需要运用所学的知识和技能来解决问题，这样的实践经验对学生的成长和发展起到了重要的推动作用。

4. 合作学习特性

合作学习是指学生在小组或团队中相互协作、共同参与学习任务的过程。通过合作学习，学生能够在团队中互相分享知识与经验，共同解决问题，培养自主学习与合作能力。

合作学习可以促进学生之间的相互交流与合作。在合作学习的过程中，学生必须积极参与小组讨论与协作，并共同承担学习任务。借助与他人的互动，学生可以借鉴他人的经验与见解，从中获得新的学习启发。通过与他人的合作，学生也能分享自己的知识与观点，增强彼此之间的理解与尊重。

合作学习可以培养学生的团队合作与协调能力。在合作学习中，学生需要合理分工，共同制订学习计划，并在任务完成过程中相互配合。利用这种团队合作的方式，学生能够学会倾听与沟通，协调不同的意见与观点，从而培养出良好的合作习惯与团队精神。

合作学习可以激发学生的自主学习能力。在项目式教学中，学生需要根据任务的要求，自主开展研究与学习。在小组的合作与讨论中，学生能够更好地激发自己的学习兴趣，主动寻求解决问题的方法与策略。合作学习也能够培养学生的自我管理与自我评价能力，促使他们更好地掌握学习过程与成果。

合作学习还可以培养学生的创新与解决问题的能力。在小组讨论与合作中，学生需要共同思考问题的本质与解决方案，并提出创新的思路与方法。在与他人的交流与协作中，学生能够从不同的角度思考问题，充分发挥团队的智慧与创意，培养解决问题的能力与创新思维。

(二)项目式教学法在高校德育教育中的实施

1. 项目式教学法的实施过程

(1)确定项目的主题和目标

在选择项目主题时,需要考虑到德育目标和学生的兴趣与需求。借助学生参与话题的讨论和投票,确定一个符合大多数学生意愿的主题。同时,明确项目的目标,如培养学生的团队合作能力、创新思维和解决问题的能力等。

(2)制订项目的详细计划

项目的实施需要有一个详细的计划,包括项目的任务和分工、时间安排及资源需求等。教师可以与学生一起制订项目计划,让学生参与到项目规划的过程中,增强他们的主动性和责任感。

(3)实施项目

实施过程中,教师要充当指导者和支持者的角色,鼓励学生进行自主学习和探索。学生可以根据项目的要求,进行调研、实践和设计等活动。同时,学生需要进行团队合作,分享和协作,从中学会沟通、协商和解决问题的能力。

(4)进行适时的指导和评估

教师可以定期与学生进行讨论和反馈,解答他们在实施过程中遇到的问题。同时,教师还可以对学生的表现进行评估,采用多种形式的评价方式,如展示、报告和小组讨论等。借助评估的结果,不仅可以了解学生的学习情况,还能及时进行调整和改进。

(5)总结并得出结论

学生需要进行项目成果的展示和分享,回顾项目的整个过程,对项目的实施进行总结和评价。通过项目的实施过程,学生能够体验到真实的情境,提升自己的学习兴趣和能力。

2. 项目式教学法的效果评估

项目式教学法的效果评估可以从学习成果的角度进行。通过评估学生在项目学习过程中所取得的学习成果,了解学生在相关领域的知识掌握程度和能力素养的提升情况。例如,通过项目成果展示、作品评分等方式来评估学生在项目学习中的表现和成绩,反映他们的学习成果。

项目式教学法的效果评估应从能力培养的角度进行。项目式教学注重学生的实践能力、解决问题能力和团队合作能力的培养。因此,在评估中应该关注学生在这些方面的发展。通过观察学生在项目学习中的自主学习能力、创新思维能力、沟通合作能力等方面的展现,以及相关能力的测试和评估来了解学生的能力培养情况。

项目式教学法的效果评估还应考虑到学生的学习体验。作为一种体验式的教学方法,项目式教学注重学生的参与和体验。因此,评估学生的学习体验可以反映项目式教学的效果。利用问卷调查、访谈等方式来获取学生对项目学习的感受和评价,了解他们对项目式教学的认同度和满意度,进而评估项目式教学的效果。

第四章　高校中的德育教育实践

第一节　课程教学中的德育实践

一、德育的重要性

（一）高校德育的基本概念和理论依据

高校德育是高等教育中实施的道德教育，旨在培养学生良好的道德品质和价值观。德育的基本概念可以从多个角度来理解，包括道德教育的内涵、目标和方法等方面。首先，在德育中，强调了培养学生的道德品质和道德意识，使其具备正确的价值观和全面的人格发展。其次，德育强调了培养学生的道德责任感，使其积极参与社会公益事业，履行社会和道德的责任。最后，德育注重培养学生的道德判断能力和道德行为规范，在日常生活中能够做出正确的道德选择。

高校德育的理论依据主要有多种，其中最重要的是人文教育理念。人文教育强调培养学生全面发展的人格，注重培养学生的道德情操和应对复杂社会问题的能力。另外，德育还受到了伦理学和心理学的启发。伦理学为德育提供了价值观和道德原则的研究基础，使德育更具科学性和系统性。心理学则为德育提供了了解学生心理特点和行为规律的工具，有助于设计有效的德育教学方法。

（二）高校德育的重要性分析

1. 促进学生全面发展

传统的教育注重学科知识的传授，但随着社会的变化和发展，仅强调学科知识的传授已经不能满足时代的需要。高校不仅要培养具备专业能力的人才,还要培养具备良好道德品质和行为习惯的人才。德育的实施可以帮助学生树立正确的价值观和人生观,培养学生的自律能力和责任感,促进学生的全面发展。

2. 营造良好校园文化氛围

高校是培养人才的摇篮,校园文化的建设对高校的整体形象和氛围起着至关重要的作用。德育的实施可以引导学生形成良好的行为规范和道德观念,培养学生积极向上的精神风貌和良好的社会责任感,从而营造出和谐、浓厚的校园文化氛围。这种积极向上的文化氛围不仅影响学生自身的发展,还对整个学校乃至社会产生积极的影响。

3. 提高学生的综合素质和竞争力

在当今社会,严峻的就业形势和激烈的竞争环境要求高校毕业生具备更高的素质和能力。德育的实施可以帮助学生提升自身的人际交往能力及沟通能力、领导能力等软实力,使学生具备全面发展和适应社会发展的能力。此外,德育教育还可以培养学生的创新思维、解决问题的能力和团队合作精神,提高学生的综合素质和竞争力,为他们的未来就业和发展奠定了坚实的基础。

(三)高校德育的现状与挑战

高校德育的现状是多样且复杂的。随着高校人数的增加和学科的拓展,学生的特点和需求也呈现出多样化的趋势,这对德育工作提出了更高的要求。因此,高校德育不能仅仅停留在传统的道德规范和价值观的传递上,而应加强对学生个性特点的了解和关注,通过个性化的方式进行德育教育,以便更好地满足学生的成长需求。

高校德育面临的挑战主要来自社会环境的变化。如今,社会发展速度加快,知识更新迅猛,价值观念多元化,这给高校德育工作带来了巨大的挑战。学生接触到各种信息和观念的同时,也面临着更多的选择和冲突。因此,高校德育需要紧跟社会变革的步伐,提出创新的德育理念与方法,引导学生正确认知和处理当下的社会问题。只有这样,才能更好地提升学生的道德素养和社会责任感,使他们成为融入社会的积极力量。

高校德育的现状还包括教师队伍的素质和专业能力。教师是高校德育工作的重要推动者和实施者,他们的素质和能力直接影响着德育教育的成效。然而,目前部分高校教师在德育教育方面的专业素养有待提高,缺乏系统的德育理论及实践的指导。因此,应加强对高校教师的德育培训和专业发展,提高教师的德育意识和专业素质,为高校德育工作的创新和发展提供坚定的支持。

二、课程教学中的德育实施方法

(一)教学内容中融入德育因素

通过选取具有德育价值的内容来实现德育的目标。例如,在语文教学中,选择一些优秀的文学作品,让学生通过阅读和分析,感受到其中蕴含的道德观念和人生哲理。而在科学教学中,可以引入一些与环境保护、科学伦理等相关的案例,让学生深入思考科学发展与道德责任之间的关系。

教师可以利用教学方法的选择和设计,将德育因素融入课堂之中。例如,采用案例分析、讨论及角色扮演等交互式的教学方法,促使学生主动思考、参与讨论,从而引导他们形成正确的价值观念和道德观念。利用多媒体、实验装置等教学辅助工具,可以加深学生对道德教育中的科学原理和道德规范的理解,提高他们学习的积极性和主动性。

(二)创新教学方法,实现德育教学

创新教学方法旨在通过不断更新教学内容和教学方式,实现德育教学的目标。在德育教学中,创新教学方法的应用不仅可以提高学生的学习兴趣和参与度,还可以培养学生的道德品质和职业素养。

创新教学方法要注重培养学生的创新思维和解决问题的能力。利用启发式教学、案例教学或讨论课等方式，激发学生思考的积极性，培养他们发现问题、分析问题和解决问题的能力。例如，在教授职业道德课程时，可以引入真实的案例，让学生在实际职场情境中进行讨论和解决问题，从而加深他们对道德问题的理解和认识。

创新教学方法要重视情感教育的培养。通过情景模拟、角色扮演及情感交流等方式，让学生更好地体验和理解道德情感，培养他们的情感共鸣和情感表达能力。例如，在教授公民道德课程时，可以组织学生参与社会实践活动，体验社会问题，引发他们对社会问题等方面的情感共鸣，进而促使他们树立正确的道德观念。

创新教学方法还要注重培养学生的团队合作和沟通能力。通过小组合作、项目实践等方式，让学生在团队中相互合作、共同完成任务，培养他们的团队精神和沟通技巧。例如，在教授专业素养课程时，组织学生参与跨学科实训项目，让他们在实践中学会团队合作、相互倾听和有效沟通，提高他们在职场中的德育素养。

(三)教师角色在德育实施中的重要性

在德育实施过程中，教师不仅是知识的传递者和教学的组织者，更要扮演起引导学生德育发展的引领者和榜样的角色。教师的言传身教对学生成长的影响不可忽视。

教师的言传身教对学生的德育发展起着直接的指导作用。教师应该注重自身道德修养的提高，树立正确的价值观和行为模范。教师的言行表现能够潜移默化地影响学生，让他们学会如何正确面对挑战和困境，如何行为端正、品德高尚。例如，教师可以积极参与各项公益活动，鼓励学生积极参与其中，从而培养学生的社会责任感。

教师应该在课堂中采用创新的教学方法，实现德育教学的目标。传统的教学模式往往注重知识的灌输，而忽视了德育的培养。因此，教师可以尝试在教学过程中运用启发式教学、案例教学及角色扮演等方式，引导学生积极思考和讨论，开展道德伦理讨论，培养学生的思辨精神和道德判断能力。

教师还应该积极引导和管理课堂秩序，创造有利于德育实施的教学环境。教师通过设置合理的规则和约束，引导学生遵守纪律，培养学生的自律能力和责任感。同时，教师还应该注重与学生的沟通和建立良好的师生关系，鼓励学生积极表达自己的观点和意见，建立互信、平等、尊重的师生关系，为学生的德育发展提供良好的条件。

三、德育在实践教学中的应用

（一）实践教学在德育中的重要性

实践教学能够帮助学生将抽象的道德原则与具体的现实情境相结合，从而实现道德观念到行为的转化。通过实践活动，学生可以亲身体验不同的人际关系、社会环境和道德困境，从而增强他们的道德意识和道德判断能力。

实践教学能够培养学生的团队合作精神和社会责任感。在实践过程中，学生需要与他人合作解决问题，这样的团队合作能够培养学生的沟通、协调和领导能力，并且增强他们的社会责任感。

实践教学还有助于培养学生的实践能力和创新精神。在实践活动中，学生需要主动探索、实践和创新，这样的实践经历能够培养学生的实践能力和创新精神，为他们未来的社会实践打下坚实的基础。

（二）德育在实践教学中的实施策略

1. 培养学生的实践能力

借助参加各种实践活动，如社会实践、实习实训或实验课程等，让学生亲身参与其中，感受到实践的重要性和实践对培养德育素养的作用。在实践活动中，学生将面临各种困难和挑战，需要积极主动地解决问题，培养出自律、创新、合作等良好品质。

2. 采用案例教学方法

通过真实案例的呈现，让学生更加深入地理解和感受德育的重要性。选择一些生动、具有代表性的案例进行讲解和分析，并引导学生就案例进行讨论和思考。借助案例的引导，让学生更好地认识到自身的行为对他人和社会的影响，并激发他们对德育素养的进一步追求。

3. 采用讨论式教学

利用开展讨论活动，让学生积极参与，主动表达自己的观点和看法。在讨论过程中，引导学生思考和分析道德伦理问题，激发他们的思维能力和创造力。通过多方位的讨论，学生可以从不同的角度来思考问题，增强他们的道德意识和社会责任感。

4. 建立完善的评估体系

在实践教学过程中，借助通过观察、记录及问卷调查等方式来评估学生的德育表现和成长情况。这样可以及时发现学生存在的问题，并采取相应的措施进行指导和帮助。同时，还可以组织学生进行自我评估，让他们对自己的德育进步有更清晰的认识，提高自我管理和自我约束的能力。

（三）德育在实践教学中的效果评估

1. 学生的主观感受和态度变化

德育教育的目的在于培养学生的道德情操和价值观念。因此，了解学生对德育教育的态度变化是很重要的一环。通过问卷调查或深入访谈的方式，了解学生对德育教育的认知程度、价值观念的改变及道德行为的转变程度。利用比较德育教育起始时和结束时的学生态度数据,可以综合评估德育在实践教学中的效果。

2. 教师和学校的评价

在德育教学中,教师的指导和引导起着至关重要的作用。借助观察学生的言行举止,记录学生在实践教学中表现出的道德品质和品行,以及参与特定活动时的道德表现。学校可以通过教师的评价报告和学生的自评报告来评估德育教育的实施情况和效果。

3. 定量数据统计

考虑使用学生的道德素养评级表,通过对学生行为和表现进行评分,统计不同领域和不同阶段的学生的道德发展情况。还可以分析学生在实践教学中的道德决策能力、情感体验和人际关系等方面的数据。这些数据可以帮助教师定量地评估德育在实践教学中的效果,并为进一步改进德育教育提供指导。

4. 实践教学中的社会反馈

借助与实践教学中的社会各界人士进行交流和合作,了解他们对学生德育发展情况的看法和评价。另外,还可以考虑邀请社会专家进行评估并提供宝贵意见。从社会反馈中获取评估数据,可以更全面地了解德育在实践教学中的效果。

(四)面临的问题与解决策略

由于实践教学的多样性和复杂性,德育的实施面临挑战。在实践教学中,德育不仅要面对学生的不同背景和价值观,还要应对现实问题和社会文化的变迁。因此,如何有效地引导学生树立正确的价值观念和道德观念,成为德育工作中亟须解决的问题。

德育在实践教学中的效果评估是一个较为困难的问题。德育是一种长期而持续的过程,无法简单地通过考试成绩或者学生的表现来评判。德育目标的达成往往需要更加细致和全面的评估方法。而要设计出科学且可行的德育评估方法,需要教师具备较高的专业素养和评估技巧。

德育在实践教学中还面临着对师资力量要求较高的问题。德育工作需要教师具备良好的德育素养和专业能力,能够引导学生探索、思考和实践,培养他们的道德意识和品质。现实中存在一些教师在德育方面的素养和能力不足的情况。因此,提升教师的德育素养和专业能力,成为确保德育在实践教学中有效落地的关键策略之一。

针对以上问题,应该采取相应的解决策略。借助加强德育教师的培养和培训,提高他们的德育素养和专业能力。教师可以参与相关的研讨会和培训课程,不断更新和拓展自己的观念和知识。同时,学校建立德育教师的评价和激励机制,鼓励教师在德育方面的创新和实践。

为了有效评估德育在实践教学中的效果,采用多元化的评估方式。除定量评估指标如问卷调查和教师观察外,还可以使用定性评估方法,如学生作品展示、案例分析和小组讨论等。借助多种评估方式的结合,可以全面了解学生在德育方面的变化和成长。

第二节　学生社团活动中的德育实践

一、学生社团的德育功能与价值

(一)学生社团的德育功能

学生社团为学生提供了展示自己才华的平台。通过参与社团的表演、竞赛等活动,学生有机会展示自己在文艺、体育及学术等方面的才能。这不仅可以提高学生的自信心和自我认同感,还可以促进他们全面发展和个性特长的发挥。

学生社团还具有培养学生团队合作和领导能力的功能。在学生社团中,学生将面临合作与协调的挑战,需要与其他社团成员共同解决问题,达成共识,并完成各项任务。这样的过程可以培养学生的团队意识、沟通能力和决策能力。学生社团还通过选拔和培养学生担任社团干部,让学生成为社团的组织者和领导者,锻炼他们的领导能力和管理能力。

(二)学生社团的价值

学生社团的价值体现在培养学生的道德品质上。通过参与社团的活动,学生能够接触到各种不同的价值观,学会尊重他人、团队合作和责任担当等。在社团中,学生需要遵守社团纪律,尽快融入团队,领悟到集体利益高于个人利益的道理。

学生社团在提升学生综合素养方面发挥着重要作用。学生社团为学生提供了一个实践的平台,学生通过参与社团活动,培养自己的技能和才能,提升自身的综合素质。例如,在音乐社团中,学生可以提升自己的音乐修养,培养音乐表演能力,从而在艺术领域独树一帜。这些经历与成果帮助学生塑造自身的个性特长,丰富学生的人生经历。

学生社团还在促进学生交往与合作能力方面发挥着重要作用。在学生社团中,学生来自不同的专业、不同的年级,他们需要相互协作、相互配合,一同完成各项活动。在这个过程中,学生不仅学会了沟通与合作的技巧,还培养了团队精神和集体荣誉感。这些能力对于学生未来的工作和生活都具有重要的意义。

(三)学生社团的影响力

学生社团在塑造学生个性和培养学生领导能力方面具有重要作用。学生参与社团活动可以充分发挥自己的特长和才能,锻炼自己的组织和管理能力。例如,一个音乐社团可以为学生提供展示音乐才华的机会,培养学生的艺术修养和演出才能。这种形式的培养不仅提高学生的竞争力,而且加强他们的领导能力,使他们在未来的工作和社会生活中更具竞争力。

学生社团对于促进学生交流与合作具有重要意义。在社团活动中，学生可以结识来自不同专业、不同背景的同学，促进彼此之间的交流与合作。例如，在一个合唱社团中，学生需要与他人协调和合作，共同完成一场音乐演出。这种合作过程不仅提高了学生的团队合作能力，还培养了学生的沟通和协调能力。

学生社团还可以帮助学生树立正确的价值观。社团活动不仅是为了丰富学生的课余生活，还为学生提供了一个展示个人才能和追求梦想的平台。通过参与社团活动，学生可以获得一定的成就感，树立自信心，并培养积极向上的价值观。例如，一个环保社团可以让学生在实践中深刻认识到环境保护的重要性，培养他们的环保意识和责任感。

二、学生社团德育活动的策划与实施

（一）德育活动的策划

1. 明确活动目标和意义

社团作为德育的载体，活动的目标应当紧紧围绕培养学生的道德品质、思想品格和社会责任感等方面展开，以提升学生的整体素质。

2. 考虑学生的兴趣和需求

德育活动应当与学生的实际需求相契合，结合学生所关注的热点话题和感兴趣的领域开展，既能吸引学生的参与，又能让他们获得实际的成长和收获。同时，策划德育活动需要充分调动社团成员的积极性和创造力。组织社团成员进行头脑风暴，共同参与活动的策划过程，充分发挥大家的智慧和创意，确保活动的吸引力和创新性。

3. 考虑资源的合理利用

例如，活动场地的选择和利用、活动经费的安排和管理等方面都需要有明确的规划和安排，确保资源的合理配置，以达到最好的效果。

4. 明确实施计划和时间表

策划的目标和内容应当细化为具体的任务和时间节点，确保活动按计划进行，并且能够及时评估和调整。

（二）德育活动的实施

1. 明确活动的目标

在制订德育活动的实施方案之前，必须明确目标是什么。例如，目标可以是培养学生的领导能力、团队合作能力和社会责任感。这个目标将成为指导本次活动策划和实施的中心。

2. 选择适合目标的活动内容

德育活动的内容应该与目标相一致，从而帮助学生获得所需的技能和素养。例如，如果我们的目标是培养学生的领导能力，可以组织学生参与领导力训练营或者开展学生社团管理培训课程。在这些活动中，学生将学习到领导技能、沟通技巧和团队合作能力。

3. 合理整合资源

资源可以包括人力、物资、时间和场地等方面。合理利用和整合这些资源，可以确保德育活动的顺利进行。例如，可以邀请专业人士作为活动的讲师或导师，为学生提供专业指导和建议。另外，在活动实施过程中，要合理安排时间，确保活动的顺利进行，并为学生提供适合的场地，为他们的学习和成长提供良好的环境。

4. 关注活动的效果和评价

活动的效果评价是对活动的成效进行总结和评估，有助于了解活动是否达到了预期的效果，是否需要对活动进行调整和改进。通过问卷调查、面谈等方式收集学生和参与者对活动的反馈，了解他们的意见和建议，以不断完善和提升德育活动。

（三）德育活动的效果评价

1. 从学生参与度的角度来评价

学生参与度是衡量活动吸引力和实效性的重要指标。借助观察活动前后学生的参与度变化情况，评估出德育活动是否能够激发学生的兴趣，吸引更多的学生参与其中。例如，利用问卷调查的方式获取学生对德育活动的参与意愿和满意度，直观地了解活动对学生的吸引力和影响力。

2. 从学生价值观和道德行为的角度来评价

德育活动的目的是培养学生正确的价值观和道德观念，使其具备良好的道德素养和行为习惯。因此，在评价德育活动的效果时，可以对参与活动的学生进行跟踪调查，观察其在活动结束后的行为表现和价值观转变情况。

3. 从社团内外的认可度来评价

社团德育活动对学校和社会具有示范性作用，通过开展一系列有积极意义的活动，能够提升学生社团的知名度和影响力。因此，在评价德育活动的效果时，可以考查学校和社会对学生社团德育工作的认可度和支持程度，如学校的领导给予的肯定和奖励、社会媒体对社团活动的宣传等。这些都是评价德育活动效果的重要参考指标。

三、学生社团德育实践的创新与提升

（一）创新德育实践的方式

1. 多元化的活动形式

学生社团借助举办主题讲座、座谈会及实地考察等形式，为学生提供不同的学习和交流机会。这种多元化的活动形式可以满足不同学生的兴趣和需求，激发他们参与的热情。

2. 注重跨学科的合作

高校学生社团往往具有多样的专业背景和知识结构。通过跨学科的合作，可以将不同专业领域的知识和技能进行融合，为学生提供更加全面的成长机会。例如，在社团活动中引入艺术、体育及科技等不同领域的元素，可以促进学生的综合素质发展。

3. 发挥学生的主体作用

学生社团德育活动不应该仅仅由教师或指导员来策划和组织，而应该充分尊重和发挥学生的主体作用。学生通过参与活动策划、组织和评估等环节，实现对自身意识、能力和素质的全面提升。这种以学生为主体的方式，能够增强学生的主动性、创造力和责任感。

4. 借鉴外部资源和创新理念

学校可以与社会机构、企业等合作，共同开展德育实践活动。与此同时，学校还可以借鉴其他高校或社团的经验和创新理念，以提升德育实践的水平和效果。引入新的思想和观念，学生社团的德育活动将更加贴近时代发展和学生需求。

（二）提升德育实践的效果

德育实践活动的设计不仅要符合学生的兴趣和需要，还要有针对性地培养学生的品德与能力。活动的策划应注重创新与多样性，以激发学生的参与热情。例如，通过组建多元化的活动项目，引导学生参与社会实践、公益活动和文化艺术交流等，从而提升德育实践的效果。

1. 加强对师生的培训和指导

学生社团指导教师应具备一定的教育理论基础和实践经验，能够指导学生进行德育活动的策划与实施。学校也应提供相关的培训机会,帮助指导教师不断提升自身的教育水平和引导能力。只有通过专业化的指导和培训,才能保证德育实践的有效性和高质量。

2. 加强与社会资源的合作与共享

学校可以积极与社会各方面合作,寻求资源的支持和共享。例如,与企事业单位、社会团体等建立合作关系,争取他们为学生社团提供实践活动的场地、设备、资金等支持。同时,也可以邀请相关专家来学校指导学生社团的德育实践活动,从不同领域的专业人士中获取宝贵的意见与建议,提升实践的质量和效果。

3. 加强对学生参与德育实践的评价与反馈

学校可以建立完善的评价体系,借助考核、评比等方式对学生社团的德育实践进行评价。同时,还应及时给予学生反馈,鼓励他们在实践中进步与成长。利用评价与反馈可以激发学生的积极性和主动性,促使他们不断提升自身的品德与能力。

四、问题与对策

(一)学生社团德育存在的问题

1. 学生社团德育活动的开展力度不够

尽管学校重视社团德育工作,但是对具体的活动策划和实施却存在不足。有些社团德育活动只是形式上的,缺乏深度和内涵,难以激发学生积极参与的热情。

2. 缺乏科学有效的评估机制

目前,对于学生社团德育的评估还停留在简单的活动参与度和成果展示上,缺乏对学生个体全面发展和综合能力提升的评价指标,无法真正地反映学生社团德育工作的效果和价值。

3. 学生社团德育资源不均衡

一些重点社团德育项目和社团资源主要集中在专业学院或学校的知名社团中,而一些学生社团德育资源非常匮乏,缺乏有效的支持和保障。

4. 学生社团德育与实际学习、生活脱节

一些学生社团德育活动过于追求形式和表面功夫,与学生的专业学习和个人生活脱节,难以真正促进学生全面发展和综合素质的提高。

(二)德育策略的对策

1. 建立多元化的德育活动体系

要将学生社团德育活动提升到更高的层次,需要建立一个多元化的德育活动体系。首先,借助拓展社团活动的种类和形式来提供更多元的德育选择。例如,开展志愿者服务活动、社会实践和文化艺术交流等,让学生能够在多样的活动中体验和锻炼自己。其次,还可以引入外部资源,邀请专家、成功人士等举办讲座或提供指导,让学生接触到不同领域的知识和经验,提升他们的素养和认知水平。通过这样的多元化德育活动体系,可以激发学生的兴趣和潜能,培养他们全面发展的能力。

2. 加强师生互动,提升教师的引导作用

教师在学生社团德育活动中起着重要的指导作用。为了增强师生之间的互动,可以设立定期的教师学生座谈会,鼓励教师和学生共同探讨德育活动的规划和实施。教师可以分享一些成功的案例和经验,向学生提供宝贵的指导和建议。同时,还可以鼓励教师参与到学生社团的活动中,担任指导老师的角色,与学生共同参与组织和组织活动，从而更好地引导学生的发展。

3. 充分重视学生的主体性，提升学生的参与度

在德育策略的制定和实施过程中，学生的主体性是非常重要的。教师要鼓励学生积极参与德育活动的策划和组织，培养他们的领导才能和组织能力。为了提高学生的参与度，可以开展德育策略设计的竞赛活动，让学生提出自己的想法和方案，并参与到德育活动的实践中。此外，还可以通过学生代表的方式，成立学生社团德育委员会或德育团队，让学生能够在决策和推动方面发挥更大的作用，形成学生主导、教师指导的德育格局。

4. 加强对德育成果的评估和总结，推动德育工作的持续改进

在德育策略的实施过程中，需要进行全面的评估和总结，并将评估结果反馈给相关的教师和学生。利用问卷调查、访谈及课堂观察等方式收集学生和教师的反馈意见，了解他们对德育活动的评价和建议。在此基础上，及时对德育策略进行调整和优化，推动德育工作的持续改进。通过评估和总结，还可以及时发现并解决问题，提高德育策略的实施效果，为学生社团德育提供更好的支持和指导。

（三）对策的实施与评估

1. 明确目标和计划

在制定对策实施方案时，应明确所要解决的问题，并根据问题的性质和具体背景制订具体的目标和计划。例如，可以制定目标为建立健全的组织管理机制包括培训社团干部、修订管理规定等，解决学生社团德育存在组织管理不规范的问题。

2. 创新手段和方法

针对不同的问题，应选择适合的手段和方法。例如，在解决社团德育活动缺

乏多样性的问题时，可以采用开展主题月活动、举办社团文化节等创新手段，提供更多元化的活动形式，满足学生的不同兴趣和需求。

3. 充分发挥各方力量

学校、社团干部、社团成员及其他相关人员都是实施对策的重要力量。学校应提供支持和资源，社团干部应负责具体实施，社团成员应积极参与，其他相关人员应给予必要的协助。只有各方共同努力，才能确保对策的顺利实施和有效推进。

4. 进行有效的评估和监控

定期评估和监控可以了解对策实施的效果和问题，并及时进行调整和改进。评估可以使用定性和定量的方法，如学生问卷调查、社团活动成果的评比等，从不同角度获得对策实施的反馈信息，为进一步优化提供依据。

第三节　社会服务活动中的德育实践

一、社会服务活动中德育实践的必要性

（一）社会需求与高校德育的关联

1. 社会需求被视为高校德育的引导方向和出发点

现代社会对人才的需求不再局限于专业技能的掌握，而是更加强调综合素质的培养。社会呼唤具备良好道德素质、积极进取精神和一定责任意识的人才，这正是高校德育的目标所在。对社会需求的深入了解，高校可以调整自身德育教育的方向和内容，使其更贴合社会发展的要求。

2. 社会服务活动是高校德育实践的重要途径

社会服务活动旨在培养学生的社会责任感和公民意识,在实践中感受社会热点和问题,培养解决问题的能力。社会需求是社会服务活动的原动力,而高校作为社会服务活动的主要承办方,组织学生参与社会服务,使其与社会需求进行对接,促进学生德育的全面发展。社会服务活动提供了一个平台,使学生能够亲身体验社会中的问题与挑战,并积极解决,从而培养学生的社会责任感和公民意识。

3. 社会服务活动帮助高校形成良好的社会声誉和形象

高校作为社会的一部分,应该积极履行其社会责任。利用开展社会服务活动,接触社会主体并为其提供帮助,这将为高校树立起社会形象和师生形象的良好代表,从而进一步促进高校与社会的互动和合作。

(二)社会服务活动与德育的内在联系

社会服务活动能够提供实践机会,促进学生全面发展。在社会服务活动中,学生有机会参与到社会实践中,接触到真实的社会问题,亲身体验社会的需求与挑战。通过参与社会服务活动,学生可以发展社会实践、团队合作及问题解决等方面的能力,从而全面提升自身素质。

社会服务活动能够培养学生的社会责任感和公民意识。在社会服务活动中,学生不仅是服务的受益者,还是服务的参与者和推动者。通过与社会中的不同群体互动,了解他们的需求和问题,学生能够思考自己所处的社会角色,培养对社会的责任感和担当精神。社会服务活动也能够引导学生形成正确的价值观和道德观,培养他们做一个有责任心、有公德心的公民。

社会服务活动能够促进学科知识与实践能力的结合。在社会服务活动中,学生可以将从课堂上学到的知识运用到实践中,通过解决实际问题来验证理论学习的正确性和可行性。社会服务活动也能够激发学生的学习兴趣,提高他们对学科知识的理解和掌握能力。与社会服务活动相结合,使学生能够深入理解学科知识的实际应用价值,形成知行合一的学习态度。

(三)社会服务活动中德育实践的意义

社会服务活动为高校学生提供了一个实践德育的平台。通过参与社会服务活动,学生不仅能够将课堂上学到的知识与理论进行有效的应用,还能够亲身体验社会问题,增强社会责任感。

社会服务活动能够培养学生的社会责任感。通过参与各种社会服务项目,学生可以意识到自己作为社会成员的责任,学会关心他人,关注社会问题,并积极做出改善社会现状的努力。

社会服务活动有助于学生培养团队合作精神。在社会服务活动中,学生不仅需要与志愿者团队密切合作,还需要与社区组织、相关机构进行有效沟通和协调。通过这样的参与过程,学生可以增强团队合作精神,提高团队协作能力。

社会服务活动能够拓宽学生的视野和人际交往能力。通过参与社会服务活动,学生可以接触到不同背景、不同需求的人群,在与他们的交流中,了解他们的生活现状、困难和需求,并且尝试为他们提供帮助。与不同的人群交往,增加学生对不同观点、不同价值观的理解和尊重,并培养学生的包容性和交往能力。

社会服务活动还可以为学生提供锻炼自我能力的机会。参与社会服务活动,学生需要主动发现问题、分析问题,并提出解决方案。利用这个过程,学生可以提高自己的解决问题能力、创新能力和组织能力,以及培养独立思考和自主学习的能力。

二、德育实践的内容

(一)基础德育知识内容

1. 道德规范

学生需要了解并遵守社会道德规范,包括公德、义务、纪律等方面的要求。

例如，他们要明白诚实守信、友善互助、尊重他人等基本道德原则，并在实践中将其融入社会服务活动中。借助理解和遵守道德规范，学生在社会服务过程中才能保持良好的行为习惯和道德品质。

2. 价值观念

学生应该培养正确的价值观念，包括尊重他人、关注社会、勤劳奋进等方面的价值取向。这些价值观念是指导学生在社会服务中行动的基本准则，在学习和实践中，学生可以逐渐认识和树立正确的价值观念，为社会服务活动提供积极的动力和指引。

3. 品德修养

学生应该注重自身品德素养的培养，包括正直诚实、谦虚谨慎及自律自强等方面的修养。品德修养的培养是一个长期的过程，通过参与社会服务活动，学生可以进行实践和反思，不断提升自己的品德水平。

（二）社会服务活动中具体需要实践的德育内容

1. 激发学生的爱心和关怀

在参与社会服务活动中，学生能够亲身体验到他人的困境和需要帮助的情况，从而激发学生的爱心与关怀。例如，参与帮助贫困地区学生的义教活动，学生会深切感受到贫困学生的生活条件和学习困难，从而培养对弱势群体的关怀和帮助的意识。

2. 培养学生的责任感和奉献精神

通过参与社会服务活动，学生能够深入了解社会问题，认识到自己有义务和责任去改变和解决这些问题。例如，参与环境保护的志愿活动，学生会意识到自己的行为对环境的影响，并且主动采取行动去保护环境，从而培养他们的责任感和奉献精神。

3. 培养学生的团队合作能力和沟通能力

在社会服务活动中,学生往往需要与其他志愿者一起合作完成任务,并与受助对象进行有效的沟通。通过团队合作和沟通,学生能够培养出良好的协作能力和互助精神。例如,在参与地区义诊活动时,学生需要与其他志愿者协作,为受助人提供医疗服务,并与受助人建立起良好的沟通,以便更好地了解他们的需求。

4. 培养学生的创新能力和解决问题的能力

在社会服务活动中,学生常常面临各种挑战和问题,需要通过创新和解决问题的能力来应对。例如,学生参与社区环境整治活动时,可能会遇到一些技术难题或者资源瓶颈,学生需要运用自己的创新思维和解决问题的能力,寻找更有效的解决办法。

(三)德育知识与社会服务活动的融合

在社会服务活动中,德育知识的融入可以帮助学生认识到自己在社会中的责任和使命。在参与社会服务活动的过程中,学生可以学习到关于公益、团队合作、社会公德等方面的德育知识。例如,在环境保护服务活动中,学生可以学习到保护大自然的重要性,养成爱护环境的习惯。而在社区义工活动中,学生可以学习到互助、关爱他人的道德观念,并具体表现出来。这些都是德育知识与社会服务活动相融合的具体体现。

德育知识对于社会服务活动的设计和实施起到了指导作用。在组织社会服务活动过程中,教师可以引导学生通过学习德育知识,理解社会服务的意义与目的,了解如何积极参与并负责任地完成活动。同时,结合德育知识的学习,教师能够根据学生的实际情况,选择合适的社会服务项目,并设计具体的教学活动。这样,德育知识就成为指导社会服务活动的重要参考依据。

德育知识与社会服务活动的融合,对学生的德育素养提升起着积极的促进作用。利用参与社会服务活动,学生能够将理论知识转化为实际行动,增强自身的社会责任感和使命感。同时,德育知识的融入也能够提高学生的道德判断能力和解决问题的能力。学生在具体的社会服务活动中,需要面对各种不同的情境和挑战,通过应用德育知识进行判断和决策,可以提升学生的道德素养和人格魅力。

三、德育实践的实施方式

(一)创新德育实践活动形式

1. 多样化的活动形式

例如,组织学生参与志愿服务活动,如到社区做义工、为特殊群体提供帮助等。这样的活动不仅能培养学生的关爱之心,还可以锻炼学生的团队合作能力和解决问题的能力。此外,还可以开展社会调研活动,让学生深入社会,了解社会问题,引导学生思考并寻找解决问题的途径。

2. 互动性强的活动形式

例如,组织学生参与模拟法庭、辩论赛等活动,让学生在争辩中锻炼自己的立场和表达能力,培养学生的思辨能力和逻辑思维能力。还可以利用组织学生参与文化交流活动、艺术创作等方式,培养学生的审美意识和创新能力。

3. 利用信息技术手段

例如,组织学生开展线上讨论、线上交流等活动,通过网络平台搭建学生互动平台,提供交流和合作的机会。同时,还可以利用虚拟实验室、虚拟实训等方式,增加学生的实践机会,丰富德育实践的形式。

(二)制订科学合理的德育实践活动计划

1. 设定活动目标

德育实践活动的目标应该明确、具体、可衡量。这些目标应该与高校的德育目标相一致,能够促进学生的全面发展和个性成长。例如,可以设定培养学生社会责任感、培养学生创新能力等方面的目标。

2. 确定活动内容和形式

根据学生的年龄和特点,以及德育实践活动的目标,选择适合的活动内容和形式。活动内容可以包括社区服务、志愿者活动、文化体验和研讨会等。在确定活动内容时,要考虑学生的兴趣和实际需求,确保活动的吸引力和实效性。

3. 确定活动时间和地点

合理安排活动的时间和地点,能够更好地组织和管理德育实践活动。活动时间可以选择在课余时间或节假日,以便学生能够参与其中。活动地点可以选择校内或校外的场所,根据活动内容的要求进行选择。

4. 制定活动评估和改进机制

德育实践活动的评估和改进是保证活动质量的重要环节。在评估中,可以了解活动的效果和问题,为下一步的改进提供依据。评估可以采用问卷调查、讨论会、观察记录等方式进行,从不同的角度获得全面的反馈。根据评估结果,及时调整和改进活动,不断提高德育实践活动的质量和效果。

(三)建立有效的德育实践活动监控机制

1. 建立明确的指标体系

德育实践活动的目标多样化,指标也应该具有相应的多样性。从学生参与度、学生自我评价及社会反馈等方面制定指标，并将其纳入监控体系中进行评估。例如，进行问卷调查，评估学生在参与德育实践活动过程中的动力、意愿和满意度，同时也可以进行社会调研，了解社会对学生德育实践的评价和反馈。借助建立明确的指标体系，可以全面地了解德育实践活动的效果，为改进提供了依据。

2. 建立定期的监测和评估机制

监测可以通过观察、记录和分析来实现，而评估可以通过定期的评估活动、评价报告等形式来实现。例如，每学期结束后可以组织对德育实践活动的监测和评估。监测可以观察学生在德育实践活动中的行为表现和态度变化，评估可以针对学生的综合素质和思想道德水平进行定量、定性的评价。这样可以及时掌握德育实践活动的情况，以便对活动进行及时调整和改进。

3. 建立有效的反馈机制

学生和社会对德育实践活动的反馈可以为监控提供重要的参考依据。在活动过程中，应鼓励学生积极参与反馈，如开展座谈会、小组讨论等，听取学生对德育实践活动的看法和建议。与社会各界建立良好的合作关系，定期了解社会对德育实践活动的评价和反馈。利用有效的反馈机制，可以及时发现和解决问题，进一步提高德育实践活动的质量。

4. 建立有效的信息管理系统

借助建立信息管理系统，可以对德育实践活动的各个环节进行数据管理和分析，实现对活动的精细化管理。例如，采用数字化平台记录学生参与德育实践活动的信息，包括活动内容、参与人数及时间安排等，以便更好地了解活动的进展和效果。同时，通过数据分析和挖掘，可以发现潜在的问题和改进空间，为活动的持续改进提供了依据。

（四）加强德育实践的后期跟踪与指导

1. 建立有效的评估机制

德育实践活动结束后，需要借助评估来了解其效果。评估的目的是发现存在的问题和不足，进而进行改进和优化。评估可以采用多种方法，如问卷调查、访谈、观察等。其中，问卷调查是常用的评估工具，收集参与者的意见和反馈，以获得客观的评估结果。另外，还可以组织开展专家评估，邀请专家对德育实践活动进行评估，提出中肯的建议和意见。评估的结果可以为后续德育实践活动的改进提供了重要的参考。

2. 制订个性化指导方案

德育实践活动评估的结果为接下来的指导提供了依据。根据评估结果，可以制订个性化的指导方案，针对不同参与者的问题提供相应的解决方案。指导方案可以包括个别辅导、小组讨论、培训等形式。个别辅导是针对个体的问题提供专门的指导和帮助。小组讨论可以促进参与者之间的交流和合作，共同解决问题。培训是利用系统性的培训课程提升参与者的德育实践水平。指导方案的制定需要充分考虑参与者的实际情况和需求，确保指导的针对性和有效性。

3. 注重与参与者的沟通和互动

了解参与者的意见和建议，主动关注他们的思想动态和问题需求，积极解决他们的困惑和困难。同时，要及时总结和分享德育实践的经验和成果，为其他学校、社区提供借鉴和参考。借助这种方式，可以不断提高德育实践的质量和效果，全面推进社会服务活动中的德育实践工作。

四、德育实践的效果评估与改进

（一）德育实践效果的评估标准

1. 学生表现的道德品质

道德品质包括诚信、责任感、正义感、公共意识等方面的内容。在社会服务活动中，学生是否能够树立正确的价值观念、维护社会公德、履行个人责任等都可以作为评估的标准。实践中，通过观察学生在社会服务活动中的言行举止，以及对社会问题的态度等进行评估。

2. 学生的能力提升

社会服务活动旨在培养学生的实践能力、创新能力和团队合作能力等。因此，评估标准应该包括学生在活动中表现出的能力提升情况。例如，学生是否能够独立解决问题、分析情况、提出解决方案等，这些可以作为评估的指标之一。

3. 对学生成长成才的影响

高校社会服务活动不仅是为了培养学生的社会责任感和公民素质，还要促进学生全面成长发展。因此，评估标准中应该考虑学生参与活动后，对自身价值观、人生观和职业规划的影响。这些影响因素不仅体现在学生的心理认知上，还可以通过学生的自我评估和他人的评价来衡量。

（二）德育实践效果的评估方法

采用定量和定性相结合的方法。定量评估可以利用问卷调查、统计数据分析等方式进行，收集大量的数据，客观地了解德育实践对学生的影响。例如，可以设计问卷调查学生对德育实践活动的认知和态度的变化。通过统计分析数据，得出客观的评估结果。还可以通过观察记录学生的行为变化和成长情况，进行定性评估。这种方法可以更加深入地了解学生在德育实践中的实际表现。

考虑多维度的评估指标。德育实践的目标不仅培养学生的道德情操，还包括提升他们的社会参与能力、团队合作意识等方面。因此，在评估时，需要从知识、情感、能力、行为等维度着手，建立相应的评估指标体系。例如，可以评估学生在德育实践中获得的道德知识掌握程度、道德情感的变化、社会参与能力的提升等方面的表现。

将自我评估和他评两种方式相结合。学生自身对自己在德育实践中的表现具有一定的认识和体验，借助他们的表述和反思可以了解到更深层次的评估结果。也可以借助教师、家长等他评的力量，通过他们的观察和反馈，获取更全面、客观的评估数据。

要注重对周期性和动态性的考量。评估不仅是对单次德育活动的效果评估，还是对持续性德育实践的效果评估。因此，在评估过程中，可以建立长期的跟踪调查机制，以及定期的评估时间节点，及时发现可能存在的问题，并制定相应的改进措施，确保德育实践的效果不断提升。

（三）根据评估结果进行的德育实践改进措施

1. 建立科学合理的评估标准

科学合理的评估标准能够客观地反映学生在德育方面的表现，并对德育目标进行全面评估。评估标准可以包括学生的道德行为、道德认知水平及社会责任感等方面的指标，借助考查学生在实践活动中的表现和反馈，进行综合评估。

2. 评估德育实践的方法

采用定性和定量相结合的方式进行评估。定性评估可以通过观察和访谈等方式，了解学生在实践活动中的个人成长和道德意识的变化；定量评估可以利用问卷调查、测试等方式，对学生进行客观评价。这样可以获得全面且准确的评估结果，为制定改进措施提供有力的依据。

3. 制定德育实践的改进措施

例如，如果评估结果显示学生在道德行为方面存在明显不足，可以加强对道德价值观的引导和道德规范的培养；如果评估结果显示学生在社会责任感方面有所欠缺，可以开展更多的社会实践活动，引导学生深入地了解社会问题，并提高其社会责任感。

4. 考虑德育实践的特点和学生的实际情况

可以组织一些学生代表参与改进措施的制定和落实，充分发挥学生的主体地位和积极性。还可以邀请专家进行指导，借鉴相关的成功经验，确保改进措施的有效性。

参考文献

[1]宋晓宇. 高校德育工作创新与发展研究[M]. 北京:北京燕山出版社, 2023.

[2]李长平,王利梅,蒋廷阁. 高校德育教育创新发展研究[M]. 北京:中国商务出版社, 2023.

[3]沈红兰,曾舒珩,白博. 基于新媒体的高校德育教育创新研究[M]. 北京:中国民主法制出版社, 2023.

[4]苏少丹. 高校德育实践研究[M]. 北京:中国纺织出版社有限公司, 2022.

[5]宋岩,魏丹丹,李佰玲. 新媒体时代下德育教育与学生管理[M]. 汕头:汕头大学出版社, 2022.

[6]李克非,汪佐丽. 多维视角下高职院校德育教育创新策略研究[M]. 哈尔滨:北方文艺出版社, 2022.

[7]鲍荣娟,常雪,吴迪. 高校德育工作创新实践研究[M]. 长春:吉林出版集团股份有限公司, 2021.

[8]唐博. 大学生德育教育创新研究[M]. 长春:吉林文史出版社, 2021.

[9]张婕. 大学生德育教育的发展与创新研究[M]. 长春:吉林出版集团股份有限公司, 2021.

[10]靖治,陈鹏悦,何红娟. 高校德育与心理健康教育研究[M]. 延吉:延边大学出版社, 2022.

[11]罗玲. 新时代高校德育工作创新研究[M]. 北京:中国农业出版社, 2021.

[12]邹娟. 多元文化视角下大学生德育的创新发展[M]. 长春:吉林大学出版社, 2021.

[13]闫启盈,刘鹏,王艳红. 高校德育教育模式理论与实践研究[M]. 延吉:延边大学出版社, 2020.

[14]郑莹,郭桂芬,刘畅. 现代教学管理与德育教育[M]. 哈尔滨:哈尔滨出版社, 2020.